AI時代に生き残る企業、淘汰される企業

シェアリング・エコノミー、フィンテック、IoTが作る未来

加谷珪一

宝島社

ＡＩ時代に生き残る企業、淘汰される企業

シェアリング・エコノミー、フィンテック、ＩｏＴが作る未来

はじめに

多くの読者の方が、ＡＩ（人工知能）、シェアリング・エコノミー、ＩｏＴ、フィンテックというキーワードを、すでに何度も耳にしていることだろう。これら４つのテクノロジーは、今後の社会を大きく変える可能性を秘めており、識者の中には、産業革命以来のインパクトがもたらされると指摘する人もいる。

４つのテクノロジーを簡単に説明すると、ＡＩは人工知能（Artificial Intelligence）の略称である。シェアリング・エコノミーとは、インターネットを介して、個人間や企業間で余剰なモノやサービスのやり取りをすることである。ＩｏＴは「モノのインターネット」という意味で、モノにインターネットを組み込み、相互通信を可能にすることで、遠隔操作や自動認識、自動制御を容易に行う仕組みのことだ。そして、フィンテックはＩＴを活用した金融サービスを指す。

これまでのところ４つのテクノロジーは、一部では具体的に普及しはじめているものの、あくまでキーワードとして消費されているだけであり、現実社会でどう役に立つのか具体的にイメージできる状況ではなかった。ＡＩの導入で仕事のほとんどがなくなってしまうといった、半ば冗談のような話として聞いていた人が多いはずだ。

ところが、２０１６年あたりからこの状況が大きく変わりはじめている。スマホに料金決済機能を持たせて、クレジットカード代わりにするサービスはフィンテックの代表例だ。シェアリング・エコノミーの分野では車の配車サービスを担うＵｂｅｒやフリーマーケットのアプリを運営しているメルカリなど、目立つ企業がいくつか出てきている。具体的な製品やサービスの輪郭が見えはじめ、４つのテクノロジーが現実の企業社会に入り込む姿が具体的にイメージできるようになってきた。

私たちは、そろそろ、これら４つのテクノロジーに対する認識をあらため、ビジネスや投資における現実的なテーマとして受け止めていく必要がある。２０１７年はもしかすると、新しい産業革命がスタートする年になるかもしれないのだ。

ＡＩというと、高度な知性を持った人型ロボットが、人に代わって黙々と仕事をするイメージを持つ人も多いが、それはＳＦ映画の観すぎである。人工知能の現場への導入は、もっと地味に、そして表からは見えにくい形で進んでくる。たとえば、営業活動の現場では、これまでも営業管理システムといったＩＴシステムが使われていた。ここにＡＩが導入されると、どうすれば営業成績が上がるのか、システムが教えてくれるようになる。

一見すると、従来と同様、情報システムを使って営業管理をしているようにしか見えず、大きな変化がないようにも思えてしまう。だが実際には、同じ仕事をこなすために必要な社員の数は圧倒的に少なくなり、同時に、営業マンに求められるスキルも変化していくことになるだろう。

この後、第1章で、ＡＩとシェアリング・エコノミーによって実現するかもしれない無料・無人タクシーの話題を取り上げるが、今年1月に実施されたタクシーの初乗り運賃の値下げが、実は、こうした新しい技術への布石だということも、多くの人は気付いていない。

ＩｏＴの分野は、4つのテクノロジーの中ではもっとも進みが早く、重電業界では、初期の開発競争はすでに終盤に差しかかっている。同じ産業機器を製造しているメーカーであっても、ＩｏＴに対応したところと、そうでないところとでは、収益構造は大きく変わる。株価はすでにこうした事態を織り込みはじめているかもしれない。

かつて飛行機が空を飛んだ時には、誰もがそのインパクトに驚愕《きょうがく》したはずである。だが、新しいテクノロジーは水面下で進化し、表面にはなかなか姿を現さない。4つのテクノロジーは、見えないところで、着々と企業の姿を変えているのだ。

本書は、AI、シェアリング・エコノミー、IoT、フィンテックという4つのテクノロジーが、各業界に及ぼす影響について考察したものである。

これらの新技術は現在進行形なので、最終的な姿がどうなるのかは、今の段階では何ともいえない。だが、各テクノロジーの基本的な枠組みをしっかり押さえておけば、現段階でもおおまかな方向性を予測することは可能である。

分析の詳細は各章をご覧いただきたいが、2つほど注意点がある。ひとつはマクロ的な見方とミクロ的な見方の違い、もうひとつは相互作用である。

スケールの小さい技術の場合、影響が及ぶ業界の範囲は狭く、生活上の変化も限定的なものにとどまる。こうした技術については、各論的、ミクロ的なアプローチが有効である。全体への影響も、細かい事例を積み上げることでおおよそ想像がつく。

だが、この4つのテクノロジーが持つスケールは大きい。どの技術も、個々の業界に対して大きな影響を与えるが、それと同時にマクロ経済の仕組みを変えてしまうほどのポテンシャルを持っている。こうした技術を相手にする場合、各論的なアプローチだけでは不十分であり、マクロ的な見方も必要である。

場合によってはミクロ的な視点とマクロ的な視点で結論が異なるケースも出てくるかもしれないが、そうなった場合にはさらに臨機応変な対応が求められるだろう。

これに加えて、4つのテクノロジーが単体で存在しているわけではないという点にも注意が必要だ。個々の技術は、それぞれ独自に発展してきたものである。だが、4つのテクノロジーはすべてネットを通じて有機的に結びついており、現実の社会では、複雑に絡み合った形で普及が進むことになる。これを模式的に示したのが、図1である。

たとえば、ＩｏＴの技術は、ＡＩの技術と結びつくことでより高度なサービスが実現できるようになる。フィンテックも同様で、金融サービスの高度化にはＡＩの技術が不可欠である。

一方、シェアリング・エコノミーの普及によって、企業の設備投資が減少し、これが消

（図1）AI、シェアリング・エコノミー、IoT、フィンテックがもたらす相互作用

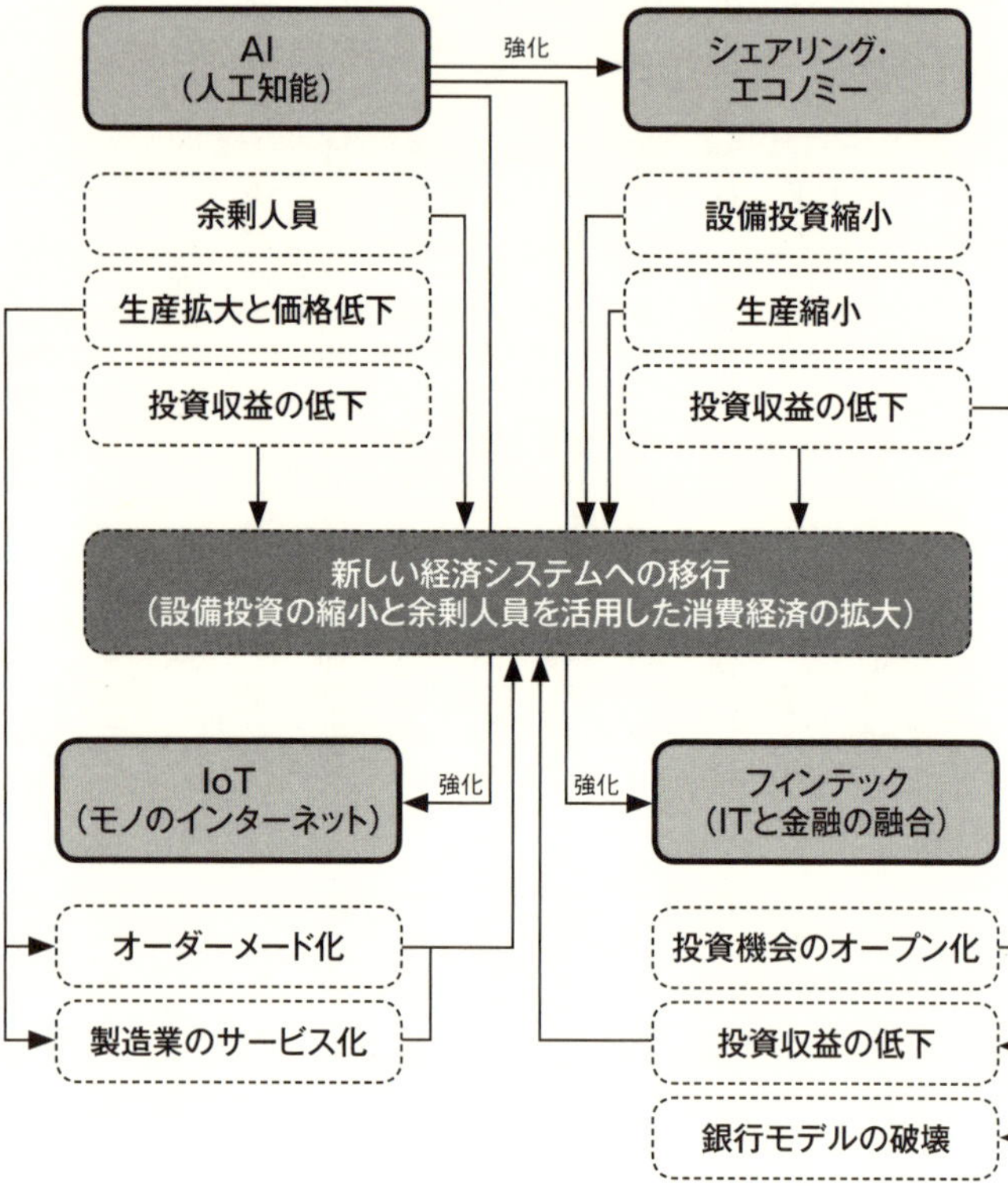

費者の行動を大きく変える可能性が出てくる。消費者の行動の変化は、購買動向の変化につながるので、間接的にフィンテックやＩｏＴのビジネスを後押しするかもしれない。もちろんプラスの面だけではない。ＡＩの導入、ＩｏＴの普及、シェアリング・エコノミーの台頭は、いずれも、大量の余剰人員を生み出す原因となる。これらにどう対応していくのかは、企業にとって大きな課題となるだろう。

本書は６つの章で構成されている。

第１章では、各テクノロジーについて分析する前に、今、各業界で何が起こっているのかについて最新動向を解説した。まずは業界の動きを肌で感じ取ってほしい。続く第２章から第５章までは、各テクノロジーがもたらす影響について、分野ごとに順次、解説を行っていく。

第２章ではＡＩについて取り上げた。ミクロ的なアプローチとマクロ的なアプローチの両方を使い、どの業界・業種がＡＩの影響を受けやすいのかを分析した。ＡＩのマクロ経済への影響についても言及している。

第3章はシェアリング・エコノミーである。この分野は個別企業の変化もさることながら、人間社会への影響も大きい。ＡＩとリンクしていることも重要なポイントである。

第4章はＩｏＴである。すでに重電の分野ではＩｏＴはかなり普及しており、業界秩序が大きく変わろうとしている。日本企業はかなり不利な状況だ。

第5章はフィンテックである。フィンテックは、お金の世界を民主化する可能性を秘めているが、投資がもたらす利益を減らしてしまうかもしれない。

第6章では、各章を総合した業界影響マップを作成し、日本企業の将来を予想した。ビジネスや投資に本書を活用し、新しい産業革命ともいわれるこれからの10年を、上手に乗り切ってほしい。

AI時代に生き残る企業、淘汰される企業　目次

第3章 シェアリング・エコノミーは消費を停滞させるのか？

第４章　ＩｏＴで製造業がなくなり、すべてがサービス業化する

第6章 日本企業はどうなる？ 生き残る企業、消える企業

本文デザイン・図版作成　landfish
本文ＤＴＰ　G-clef

第1章

今、ビジネスの現場では何が起こっているのか?

タクシー値下げとテクノロジーは裏でつながっている

２０１７年１月、東京のタクシーの初乗り運賃が引き下げられた。値下げが実施されるのは、戦後、現在のタクシー業界が成立して以降、初めてのことになる。

諸外国と比較して高いといわれる初乗り運賃を引き下げることで短距離需要を喚起するというのが表面的な理由だが、背後にはもっと大きな狙いがある。それはＡＩ（人工知能）の発達と、シェアリング・エコノミーの普及によって実現するといわれる「無料・無人」タクシーへの布石である。

「ちょい乗り」の需要喚起は表面的な理由

よく知られているようにタクシー運賃は規制の対象となっている。

国土交通省が運賃の上限と下限を設定しているが、事業者から運賃変更の申請があり、その地域の法人事業者の総車両数の７割を超えた場合に、運賃変更の手続きが開始される。今回、8割以上の法人事業者（車両）が値下げを申請したので、同省は変更手続きを実施。実証実験を経て、新しい運賃が認可されることになった。

今回の値下げでは、東京23区と一部の地域で「2キロ730円」だった初乗り運賃が、「約1キロで410円」に改定された。6・5キロ以上乗ると従来より値上げとなるが、短距離の運賃が大幅に安くなるため、いわゆる「ちょい乗り」の需要を喚起できる可能性がある。

高額のタクシーチケットがすでに多くの企業で認められなくなっていることに加え、労働者の実質賃金は5年連続のマイナスとなっており、個人の懐は寂しい。短距離を安く乗るという新しい需要を掘り起こさない限り、タクシー業界が売上を維持することは難しくなっている。東京の場合には、外国人観光客の増加で短距離移動需要が拡大しているという追い風もあるだろう。

これまでタクシー業界は値上げすることはあっても、値下げをしたことはなかった。規制産業の代表選手でもあり、業界のあり方をめぐっては政治的な論争の的にもなってきた。その意味では、業界主導で値下げが実施されるというのは少々驚きである。

ここまで業界の足並みが揃《そろ》ったのは、東京という特殊事情に加え、タクシー最大手の日本交通が積極的に値下げの環境作りを進めたことが大きく影響している。

２０１４年度における東京のタクシー・ハイヤーの台数は４万８８８５台となっており、ピークだった２００８年の６万９台と比較すると約19％も減少している。一方、２０１４年度の全国のタクシー・ハイヤーの台数は24万８５３台で、同じ期間で推移を比較すると、約12％しか減っていない。

タクシーについては２００２年に規制緩和が行われ、新規参入や増車が原則として自由になった。しかし、安易な増車は安全性を損なうとの意見が根強く、２０１４年１月には「改正タクシー事業適正化・活性化特別措置法」が施行され、逆に規制が強化された。改正法では、特定地域において約３年間の新規参入や増車を禁止できるようになっている。過当競争となっている地域では減車に向けた議論が進んでいる最中であった。

東京は過当競争に該当する地域にはなっておらず、自由競争の結果、すでにかなりの減車が進んでいた。供給が少なくなったことで、実車率や運送収入も底を打った状態にあり、値下げを受け入れる余地ができていたと考えられる。

また先述の通り、今回の値下げでは、タクシー最大手であり、業界に先駆けて配車アプリを普及させるなど、積極的な経営を行ってきた日本交通が音頭を取った。業界最大手が動いたことで、他社も追随しやすかったものと考えられる。

日本交通は、値下げに対して、なぜこれほどまでに積極的なのだろうか。

この事情を理解するためには、日本交通が持つ2つの側面に着目する必要がある。ひとつは新しいテクノロジーを積極的に導入する先進企業としての側面。もうひとつはタクシーという既得権益を守ろうとする旧態依然とした側面である。

スマホの普及がタクシーを激変させる

日本交通は、約4600台のタクシーと約1200台のハイヤー（ともに業務提携含む）を擁する業界最大手である。現会長の川鍋一朗氏は、創業3代目であり、コンサルティング会社マッキンゼー出身のエリートとして知られる。

日本交通に入社後、バブル時代に積み上がった1900億円の負債整理にメドをつけ、2005年に社長に就任した。川鍋氏は、その華麗な経歴からタクシー王子などと呼ばれている。同社は２０１１年1月、スマートフォン向けタクシー配車アプリ「日本交通タクシー配車」の提供を開始し、同年12月にはマイクロソフトと共同で「全国タクシー」アプリをスタートさせた。

配車アプリは、スマホの地図上で場所を指定すると、近くを走行中のタクシーを検索し、自動的に指定場所まで配車するというもの。

事前に詳細な登録をせず、支払いは従来通りに行う方法と、あらかじめ利用者登録を行いネット決済で支払いまで済ませてしまう方法の2通りから選択できる。アプリの評判は総じて高く、ビジネスマンを中心に利用者が増えている。

こうした配車アプリの普及はタクシーのビジネスを根本的に変えようとしている。スマホという携帯デバイスの普及によって、これまで顧客による選別という概念がなかったタクシー業界に、顧客がタクシーを選ぶという概念が入り込むからである。

これまでの運賃体系は、タクシーは基本的に「流し」が原則であり、顧客は会社を選別できないことが大前提となっていた。顧客が企業を選べなければ企業間でのサービス競争は起こりにくい。結果的にレベルの低い事業者も市場から退出を迫られず、過当競争に陥りやすいのだ。ところが、ＩＴを使ってタクシーを選別することが容易になると、この前提条件が崩れてくる。

先ほど、タクシー運賃には規制があるという話をしたが、顧客が積極的にタクシーを選別できなかったことと、運賃の規制は実は密接に関係している。アプリによる選別が行われると、規制された運賃そのものが有名無実化する可能性があるのだ。

スマホを使ったタクシー配車サービスが普及してくると、利用者はタクシーを選ぶという意識を持つようになる。ＩＴのインフラを使えば、自分が乗ったタクシーをレビューし、その結果を別の利用者が参照することは当たり前となるだろう。

法制度の問題は残っているが、一般の個人が自分の車をタクシー代わりに提供するライドシェアとなれば、その傾向はさらに顕著になってくる。そうなれば、もはや従来のタクシーという概念すら曖昧になってくるに違いない。

こうした時代においては、より多くの顧客層を獲得しておかなければ、タクシー会社が生き延びることは難しい。今回の料金引き下げはタクシー業界各社による顧客の囲い込みのスタートということになる。

自動運転が普及すると無料タクシーも可能に

だが、それだけで話は終わらない。

日本交通の川鍋氏はもっと先の大きな変革を見据えている。川鍋氏は、数年後には、自動運転の時代が到来し、タクシー業界は大きな変革を迫られると考えており、今回の値下げはそのための布石なのだ。

自動運転は、運転に関する技術だけで成立するわけではない。地図情報や乗車する人の行動履歴など、いわゆるビッグデータとセットになって初めて本領を発揮する。これらをうまく活用すれば、クルマの使い方が大きく変わり、場合によっては所有という概念すら消滅する可能性が出てくる。

通勤でクルマを使っている人を例にとって考えてみよう。

通勤にクルマを使うといっても、早朝、郊外にある自宅から中心部に移動する人と、もう少し遅い時間帯に中心部内で移動する人、日中に郊外に移動する人など、自動車の利用形態は様々である。これまで多くの人が、自分が乗りたいごくわずかな時間にクルマを占有したいとの理由から、高価なクルマをわざわざ所有していた（ほとんどの利用者は1日のうち1割も運転に費やしていないといわれる）。

しかし自動運転技術とITを駆使すれば状況は一変する。

朝、郊外から1人を乗せ中心部で降ろした後、中心部内で次の1人を運び、自動的に駐車場を探して待機。その後、郊外に3人目を乗せて移動するといったことがたちどころに実現できてしまう。これまでまったく接点のなかった3人の行動が、ITを使って結びついてしまうのだ。

これを応用し、数十人でクルマ1台をシェアし、あたかもマイカーやハイヤーのように利用するというのが、シェアリング・エコノミー時代におけるビジネスの本領ということになる。そうなってくると、法的な問題はともかくとして、タクシーとハイヤー、レンタカーの境界線は極めて曖昧になり、激しい競争になることが予想される。

さらに想像力を膨らませれば、もっと興味深いビジネスモデルが成立する。それは無人・無料タクシーである。

スマホなどのデバイスを介して一定の個人情報を提供したり、動画広告の閲覧、アンケートの記入、さらには特定の店舗への訪問などを了承する代わりに、無料で自動運転のタクシーを利用するというビジネスが登場する可能性があるのだ。

日本交通は、こうした状況を見据え、業界の寡占化と顧客の囲い込みを狙って値下げを主導した可能性が高い。実際、川鍋氏は無料タクシーについて言及しており、これは決して、空想上の話ではない。

川鍋氏は、新しいテクノロジーを使ったスマートなサービスを矢継ぎ早に導入する一方、米配車アプリ大手のウーバー・テクノロジーズなどテクノロジーをベースにした外資系企業の進出を阻むロビー活動にも非常に熱心といわれる。

こうした同社の経営方針には賛否両論があるが、川鍋氏がそこまでするのは、シェアリング・エコノミーがもたらすインパクトを誰よりも理解しているからである。

政治力を使ってでも先端的な外資系企業の動きを牽制《けんせい》し、その間に国内での基盤固めをしなければ、根こそぎ市場を奪われてしまう。同社の積極的な動きはこうした強烈な危機感が背景になっているのだ。

「電通問題」は人工知能が解決する

２０１６年、広告代理店最大手の電通で２つの事件が発生した。ひとつは、インターネット広告に関する不正取引。もうひとつは新入社員の過労自殺である。２つの事件はまったく別々のものだが、背後には同じ問題が横たわっている。それは、日本企業における生産性の低さであり、この話はＡＩ（人口知能）時代の到来と深く関係しているのだ。

オペレーションが煩雑な運用型広告

電通は２０１６年9月23日、インターネット上の広告に関して、虚偽報告をはじめとする不正取引があったことを明らかにした。対象となった企業は１００社を超え、総額は２億３０００万円にのぼるという。不正が行われたのは、主にネット広告の成果を顧客企業に示すレポートの中身である。

電通のインターネット広告のビジネスでどのような不正が行われたのかを理解するため

には、広告代理店のビジネスというものを理解しておく必要がある。

電通は著名企業であり、多くの人がその会社名を知っているが、実際にどのような業務が行われているのかについて詳しく知る人は意外と少ない。

広告代理店である彼らの仕事の基本は、広告主に代わって媒体に広告を出すことである。どのような広告をどの媒体に打つのかプランニングし、それに合致した広告枠をメディアから購入し、実際に広告を出稿して、その効果を検証する。つまり広告に関する業務をクライアントから一括して請け負うようなイメージだが、実は、こうした業界慣行は、日本独特のものだ。

米国の広告業界は、広告を出す広告主側の代理人（エージェンシー）と広告を受け入れるメディア側の代理人（メディア・レップ）が明確に分かれており、双方が交渉する形で広告の出稿が決まる。

ところが日本では、電通のような企業がエージェンシーとレップを兼ねており、メディアと広告主の仲立ちをするような、少々曖昧な業界ルールになっている。もっとも日本では電通のような企業のことを広告代理店（エージェンシー）と呼んでいるので、どちらかというと広告主の代理人としての役割が大きいと考えればよい。

実際、電通の組織でもっとも花形なのは、営業部門といわれており、営業局と呼ばれる部署を中心に業界ごとに広告主に対して営業活動を行っている。一方、メディア部門はテレビや新聞などメディアを担当し、メディアが持つ広告枠をクライアントに売ることを業務としている。

つまり米国でいうところのエージェンシーに相当する仕事が営業部門で、メディア・レップに相当する部門がメディア部門と考えればよいだろう。このほか電通には、プランニング部門があり、広告のプランニングなどを行っている。

広告を出したい広告主と広告を受け入れたいメディア側をうまく取り持ち、双方が納得するプランニングをするのが電通の業務ということになる。

こうしたビジネスモデルが成立してきたのは、新聞やテレビが寡占市場でメディアの数が限定されていたことや、基本的に紙面やテレビの番組といったシンプルな広告枠しか存在していなかったからである。広告代理店のビジネスは利害関係の調整にかなりの労力を要するが、業務そのものは単純だったのである。

ところがネット広告の台頭がこうした状況を変えつつある。

ネット広告も初期の頃は、新聞や雑誌のように、広告枠を一定期間キープしたり、所定のクリック数に到達するまで同じ広告を特定の場所に貼り続けるといったシンプルな形式が多かった。

こうした従来型のネット広告では、掲載料が1カ月あたり10万円、あるいは1000クリック10万円など、分かりやすい価格が設定されていた。これは、基本的に紙媒体の広告と同じ仕組みと考えてよい。

しかし、現在ではこうした従来型ネット広告は少なくなっており、ITを使って広告を動的に配信し、価格はオークションで決めるという形式が増えている。業界では運用型広告と呼んでいるが、今回、不正が発覚したのもこの運用型広告であった。

インターネットの場合、個人のブログも含めると無数の媒体があり、事前にどの媒体にどの程度、広告を配信するのかについて人手を使って決めることは現実的に難しい。しかもネットの場合、記事の内容によって表示する広告を変えたり、ページが表示されるたびに異なる広告を表示するといったことがいとも簡単にできてしまう。

つまり、運用型広告の場合には、広告の配信状況を見ながら、配信媒体や入札価格を常に変えていく必要があるのだ。広告主の予算には上限があるので、予算額との兼ね合いや広告を打つ期間、露出頻度などを総合的に考えながら、随時入札価格を決定していくことになる。

ネット広告はＡＩとの親和性が極めて高い

たとえば、ある広告主が広告代理店に対して、１カ月で５００万円という予算で、特定の顧客層にターゲットを絞った広告を配信するよう依頼したと仮定しよう。

広告価格は入札で決まるので、単価を安くすれば、より多くの広告を配信することができる。しかし、それ以上に高い単価を提示する別の広告主がいれば、メディアにはその広告主の広告が配信されてしまう。

顧客となっている企業の広告を優先して配信しようと思った場合には、単価を上げればよいわけだが、今度は、お金がかかりすぎて、与えられた予算内では十分な数の広告を配信できなくなってしまう。このあたりをいかに調整するのかが担当者の力量ということになる。今回の不祥事において電通は、担当者の力量不足から、うまく配信調整ができず、故意にレポートの中身を改ざんする結果になったことを認めている。

対象となった広告の詳細は不明だが、おそらくは、当初の価格ではうまく入札できず、後になって高い単価で入札したものの、結局は十分な数の広告を打てなかったといったところだろう。こうした状況をそのまま顧客には説明せず、報告書の内容を改ざんして、予定通り配信したと報告していたわけだ。

ちなみに過労自殺した新入社員も同様の運用型広告の部署で仕事をしていた。業務内容との関連性は不明だが、運用型広告特有の負荷の高さが関係している可能性がある。

運用型広告の効果を最大限に発揮させるためには、ネットのアクセス動向や検索キーワードなどをリアルタイムでチェックし、配信する広告や配信先を随時最適化する必要がある。

たとえば、エコカーに関する話題がツイッターなどで拡散した場合には、関連する広告を短時間に集中投下した方がよい。この場合には、広告料金が多少、跳ね上がっても、効果が大きければ元は取れる。こうした判断を随時、素早く行うことができれば、ネット広告の効果は最大化する。

ネット上で特定のキーワードや話題が急激に拡散することを俗に「バズる」と呼ぶが、こうしたブームの寿命は長くても数日、短ければ数時間である。キーワードを常に追いかけ、広告配信のパターンを随時変えていくという作業は人ではなく、機械にやらせた方が圧倒的に効率がよい。

つまり、ネットの運用型広告というのは、ＡＩとの親和性が極めて高いシステムであり、逆に言えば、人海戦術で対応するようなものではない。実際、こうした広告配信システムを開発しているのは、グーグルなど米国の先端的なＩＴ企業である。

ところが電通は、こうしたＡＩ社会とは対極に位置する企業であった。

日本の業界慣行と人脈をフル活用し、テレビや新聞の巨大広告を一手に引き受けるというビジネスモデルは、高度なＩＴの普及を前に、徐々に機能不全を起こしつつあるというのが現実だ。

今回の不正事件や過労問題は、人海戦術社会からＡＩ社会への過渡期に発生したものと考えるべきである。

孫正義社長が3・3兆円でARMを買った理由

ソフトバンクによる英ARMの巨額買収は、世間を驚かせた。

孫正義社長はこれまで何度も「非常識な」買収を試みてきたので、ちょっとやそっとのことでは市場関係者は驚かないが、さすがにARMの買収に踏み切るとまで予想した人は、ほとんどいなかったに違いない。筆者もニュースを聞いた時には正直驚いた。

ソフトバンクがARMを買った理由は、IoT（モノのインターネット）時代においてARMが大きなポテンシャルを持っているからである。

IoTのビジネスとはどのようなもので、そこでどのような企業が活躍することになるのかという点については後述するが、とにかくIoTは、既存の産業界の秩序をいっぺんに変えてしまうほどのインパクトを持っており、ARMが、その中でカギを握る一社であることは間違いない。

だが、この買収には、通信という共通項が存在する以外、両社に目立ったシナジーがないのも事実である。キャリア事業を営むソフトバンクと、ＩｏＴの半導体チップ設計を手がけるＡＲＭとでは、今のところ直接、協業できる場面はない。

筆者もいろいろと考えてみたが、やはり現時点では、シナジー効果はほとんどないという結論にしかならないのである。

一部のメディアは、抽象的な表現で、ソフトバンクにいかにメリットがあるのかを懸命に伝えようとしていたが、おそらく、その記事を書いている記者も、本当のところはよく分かっていなかったはずだ。

ところが、孫氏本人は「ほとんどの人がピンとこない（はず）」と意に介す様子はない。ソフトバンクはこれまでも、多くの人がまったく理解できないＭ＆Ａ（合併・買収）を繰り返しながら、巨大企業に成長してきた。孫氏がどのような意図を持ってＡＲＭを買収したのかを理解するためには、同社の過去の買収案件を知ることが早道だろう。ソフトバンクが辿《たど》ってきた道のりを見つめ直すことで、ＩｏＴという新しいビジネスにどれほどのポテンシャルがあるのか、理解を深められるはずだ。

上場して得た資金を元に、突然、米国の展示会を買収

ソフトバンクは、今でこそ巨大な通信会社となっているが、創業時はソフトウェアの流通という非常に地味な業態からスタートしている。その後、パソコンブームに乗る形で出版事業を拡大し、1994年7月には株式の店頭公開（上場）を果たした。上場によって大規模な資金調達のメドが立ち、ここから一連の買収戦略がスタートしたのである。

当時、同社は米国のコンピュータ展示会と出版社を立て続けに買収している。

まず1994年、米ジフデービスの展示会部門を200億円（当時のレート。以下では当時のレートで日本円に換算して表記することを原則とする）で買い取った。続いて1995年には、世界最大のコンピュータ展示会「コムデックス」を800億円、ジフデービスの出版部門を2100億円で買収している。

3・3兆円の金額をポンとM&Aに投じる今のソフトバンクからすると小さい金額だが、当時の同社における財務的な影響は相当なものだった。また日本企業が積極的に海外企業を買収するケースも少なく、かなりのインパクトがあった。

買収した企業は、ＩＴ業界という点において共通項はあるものの、ソフトバンクの国内事業との直接的なシナジーはなかった。当時、コムデックスの買収については、ただの展示会に８００億円もつぎ込むなど、狂気の沙汰《さた》だという評価が一般的だったのである。

買収した米国事業について、その後どう展開していくのか、孫氏自身に明確なシナリオがあったとも思えない。実際、コムデックスやジフデービスの買収によって獲得した展示会事業や出版事業に大きな進展はなく、一連の事業は１９９９年から２０００年にかけて売却もしくはソフトバンクからの分離という形で、中核事業ではなくなっていることがそれを物語っている。

また、１９９５年に累計１３００億円を投じて買収したキングストン・テクノロジー（パソコン向けメモリの製造・販売会社）は、１９９９年に約５４０億円で創業者に売り戻してしまった。保有期間中の配当などを考慮に入れない場合、１０００億円近くの損失を出した計算になる。

しかし、コムデックスの買収は、のちにソフトバンクに途方もない果実をもたらすことになった。それはネット企業である米ヤフーへの出資である。

確かにコムデックスやジフデービスの買収は事業としては結実しなかったが、当時のIT業界におけるコムデックスの存在感は極めて大きかった。

毎年ラスベガスで開かれる展示会には、マイクロソフトのビル・ゲイツ会長などIT業界のスターが集まり、そのスピーチにはすべての業界関係者が耳を傾けていた。コムデックスは秋に開催されるのが恒例だが、翌年のIT業界のトレンドがここで決まるといっても過言ではない状況だった。

ヤフーへの出資が成功したことで、現在の基本スキームが確立

孫氏は、コムデックスなどの買収を通じて、IT業界におけるパスポートを手に入れたかったのだと考えられる。実際、彼はコムデックスのオーナーとして、IT業界の中枢に入り込むことに成功したが、これは日本人としては極めて異例のことだ。

コムデックスのオーナーであることと、米ヤフーへの出資は直接関係しなかったかもしれないが、コムデックス・オーナーというIT業界へのパスポートがなければ、ヤフーを発掘することは難しかっただろう。

ソフトバンクはヤフーの株式の約30％を保有する大株主となり、ヤフーが上場したことで同社には巨額の含み益が転がり込んできた。投資した企業の含み益をテコに大型買収を展開するというスキームはこの時代に確立したものである。

ヤフーに続いて打ち出の小槌《こづち》となったのは、何と言っても中国の電子商取引サイト「アリババ」だろう。ソフトバンクは２０００年、創業間もないアリババに約20億円の投資を行い、３割の株式を持つ筆頭株主となった。２０１４年にアリババは米国で上場し、ソフトバンクは８兆円の含み益を得ている。今回、ＡＲＭ買収における事実上の担保となっているのは、このアリババの含み益である。

また、ソフトバンクは米国の通信大手スプリントも買収しているが、この大型買収を決断できたのもアリババから大きな利益が見込めるとの算段があったからである。

ソフトバンクの一連の買収には、事前のシナリオは存在していないように見える。だが、孫氏は、魅力的な案件なら何でも飛びつく人なのかというと決してそうではない。注意深く観察すれば、すべての買収案件に共通した哲学というものが見えてくる。

孫氏は常に、次の世代において中核的役割を果たす企業に手をつけておきたいと考えている。具体的なシナジーをどう作り出すのかは、次の時代が到来してから検討すればよい。というよりも、具体的なシナジーなど、その時にならないと分からない可能性が高い。

業界の主役となる企業さえ押さえておけば、それなりの答を得られるはずというのが、おそらく孫氏の基本観である。ＡＲＭ買収の狙いについて孫氏は「囲碁でいえば飛び石」とも説明している。

確実性の高さを考慮すれば3・3兆円は安い？

囲碁の世界では、連続して石を打てば分断されるリスクは小さくなるが、大きな陣地は取れないという意味である。ＡＲＭが次世代のネット社会において中心的な役割を果たすことについては、多くの関係者が同意している。その点では、先の展開がまったく見えなかった従来の投資と比較すると、不確実性はむしろ低い方なのかもしれない。

今回、ソフトバンクはＡＲＭを買収するにあたり約40％のプレミアム（金額ベースでは約1兆円）を上乗せした。確実性を買うための追加コストが1兆円というわけだが、孫氏の基準からすれば、それは特別高い価格ということにはならないのだろう。

では、1兆円のプレミアムを払ってまでも手に入れたいARMのビジネスはどのようなものなのだろうか。

ARMはスマホに搭載されているMPU（超小型演算処理装置）では圧倒的なシェアを持つ半導体のメーカーである。ただ、米インテルのように工場で半導体チップを生産するのではなく、設計だけに特化している。このためARMは、半導体メーカーであるにもかかわらず工場を保有していない。

同社はスマホに加え、車載用の半導体や家電に搭載される半導体などでも高いシェアを持っている。将来的にはすべての機器類がスマホに近い機能を持ち、ネットに常時接続されるようになるだろう。そうなってくると、すでにスマホのチップにおいて高いシェアを握っているARMの製品は、ネットに接続されるあらゆる機器に搭載されていく可能性が高い。

ITの分野は相互接続の重要性が高いので、すでに実績のある製品は市場においてさらに有利になり、場合によっては独占的な水準までシェアを拡大することができる。

パソコン時代には、インテル社製のMPUが市場をほぼ独占し、次世代のパソコンがどのような姿になるのか、インテル1社が事実上、決定権を握るというほどにまで業界への影響力が拡大した。業界の関係者は、皆「インテル詣《もう》で」を繰り返していたのである。

近い将来、ARMがかつてのパソコン市場におけるインテルのような存在になる可能性は高く、そうなってくると、関連する企業幹部が、続々とARMに吸い寄せられていくことになる。

ARMのオーナーがソフトバンクということになれば、それこそ、世界のあらゆる著名企業が、ARMとの関係強化を狙い、ソフトバンクに接近してくることになるだろう。おそらくそこではビジネス上の提携話や投資案件も同時並行で進むことになるはずだ。

孫社長は、待っているだけで、世界中から有益なビジネス案件が持ち込まれてくる。孫社長が3・3兆円も出してARMを買った理由はそこにある。

逆に考えれば、IoTの業界を押さえていれば、他のあらゆる業界にも影響力を行使できるということを意味している。そのくらいIoTがもたらすインパクトは大きいのだ。

フィンテックでいよいよ銀行の牙城が崩される

こうしたＩＴ化の波は金融業界にも押し寄せている。従来型の画一的な信用情報に依存した融資の世界が、大きく変わろうとしているのだ。スマホなどを通じて自身の情報をより積極的に提供することで、有利な融資条件を引き出せる環境が整いつつある。

スマホの操作履歴は宝の山

みずほ銀行とソフトバンクは２０１６年9月、フィンテックを活用した新しい融資サービスの提供を目的に合弁会社を設立すると発表した。フィンテックとは、「はじめに」でも少し触れたが、金融技術と情報技術を融合させた新しい金融サービスのことを指す。

新会社では、ＩＴを活用したまったく新しい審査モデルを活用し、スマホだけで融資の申し込みから実行までを完結させるという。両社は２０１７年中にも事業をスタートさせたい意向だ。

ビッグデータやＡＩによる分析を活用し、これまで融資ができなかった人や、金利が高くなってしまう人に対しても融資を提供するという試みは、米国では完全に実用段階に入っている。

米オンデック社はこうしたビッグデータ融資の先駆けともいえる企業である。同社は、個人事業主などを主な融資対象とし、ＩＴを活用した独自の審査モデルを構築している。利用者は、同社のＷｅｂサイトにアクセスし、社歴や業種、住所、クレジット・スコア、銀行口座などの基本情報を入力する。この情報に加えて、ネット上でのＳＮＳサイトにおける評価なども参照し、ごく短時間で融資の決定を行う。

ＩＴを使った審査システムは、スマホなどパーソナル・デバイスの情報を活用することでさらに精度を上げることができる。既存の与信情報が存在しないアフリカなどの途上国では、スマホの利用履歴を活用して融資を実行する新しいサービスも登場している。これらのサービスを提供しているのは、多くがシリコンバレー型のベンチャー企業である。

スマホの利用履歴は実は宝の山といわれる。

たとえば、アフリカで立ち上がっている新しい融資サービスでは、深夜割引の時間帯に多くの通話を行う利用者は信用力が高く返済不能になるリスクが少ないと判断される。一方、メールの受信より送信が多い人やスマホのバッテリーの消費が早い人は信用力が低いと判断されるという。

こうした情報は従来の感覚ではお金の返済と直接結びつかないものである。だがビッグデータを活用すると、こうした新しい相関性も見つけ出すことができる。スマホの利用履歴は単なるデータの集合体でしかないが、ここに人工知能の技術を応用することで、既存の金融機関を上回る信用情報に変化させることができるというわけだ。

十分な与信情報のない途上国においても、こうした審査システムが有効に機能するのであれば、情報インフラが整っている先進国では、より多くのサービス創出につながってくるだろう。

これまで説明してきた事例は、あくまで融資業務の効率化であり、資金を集めてくるという部分については既存の金融機関に依存している。だがネットの普及は、銀行業の根幹でもある資金集めという部分にも及ぶ。

お金を貸したい不特定多数の人と、お金を借りたい不特定多数の人を、ＩＴプラットトフォームを使って結びつけるビジネスのことをソーシャルレンディングと呼ぶが、この取り組みもすでに始まっている。

米レンディングクラブはニューヨーク証券取引所に株式を上場している企業で、ネットを使って資金を小口で集め、融資を仲介するビジネスを行っている。

同社は、ソーシャルレンディングの先駆者として高く評価されていたが、2015年にローン債権の販売で不祥事を起こし、翌年にはCEO（最高経営責任者）が辞任するという状況に追い込まれた。新しい分野だけにいろいろと一筋縄ではいかないようだ。

もっとも、同社は2015年までに、累計で1兆8000億円近くの融資を行っており、相当な実績を残している。ソーシャルレンディングのビジネスは今後も、着実に伸びていくことが予想される。

従来、こうした業務は金融機関だけが行っていたものであった。だがネットの普及によって、金融ビジネスはもっとオープンな存在になっていくはずだ。こうした金融のオープン化の究極的な姿ということになると、それは仮想通貨だろう。

日本でもようやくビットコインが通貨認定された

２０１６年は、国内のビットコイン業界においてもっとも重要な年となった。国内でビットコインの普及を妨げる最大要因のひとつとなっていた、消費税の課税が撤廃されたのだ。

日本はビットコインの先進国であったが、日本政府の対応の遅さによって各国にかなりの差をつけられていた。今回の税制改正によって、ようやくビットコインを通貨として利用する環境が整うことになる。

ビットコインをめぐっては、２０１４年に国内の取引所である「マウントゴックス」が経営破たんしたことをきっかけに、その位置付けに関して国際的な議論となった。

当時の日本では、ビットコインに関して「いかがわしい」「とんでもない」「詐欺」など、感情的でヒステリックな反応ばかりであった。挙げ句の果てに、財務大臣が「あんなもの、いつか崩壊すると思っていた」と発言。その後、日本政府はいち早くビットコインは「モノ」であるとの位置付けを明確にしてしまい、規制や保護の対象とはしなかった。

このため日本では、ビットコイン取引所などは消費者保護の対象とならず、安心して消費者がビットコインを購入できる環境が構築されなかったのである。

一方、米国など主要各国は、ビットコインの将来性を考え、逆に「通貨」として認める方向性で着々と法整備を進めてきた。今ごろになって政府は、日本がフィンテック分野において完全に取り残されていることに気付き、2016年に改正資金決済法を成立させ、ようやくビットコインを準通貨として位置付けた。

新しい法律では、仮想通貨の定義について、財産的な価値があり、物品やサービスの購入に使用したり既存通貨との交換ができるもの、としている。これまでただのモノだったビットコインが、ようやく通貨に近い存在と認められたわけである。

その上で、仮想通貨を取り扱う事業者については、金融庁への登録が義務付けられることになった。登録事業者は、財務状況や消費者保護のための措置が講じられているかどうか、監査を受けることが求められ、政府が必要と判断した場合は、業務停止命令を出すこともできる。これまで一切の措置が講じられていなかったことを考えると、消費者保護という観点では大きな前進である。

だが法改正は行われたものの、税制の整備は遅れたままだった。

ビットコインは、これまでモノという扱いだったことから理論的には消費税の対象となる。実際、国内のビットコインの取引所でビットコインを購入すると、法律上は8％の消費税がかかっていた。買ったコインを売り戻せば反対売買になるので消費税は相殺されるが、税金がかかっていることに変わりはない。これらに伴う事務作業は膨大であり、取引普及の妨げになることは確実であった。

今回の一連の措置によって、ようやく日本でもビットコインを本格的に活用できるようになったが、この間に世界との格差は一気に広がってしまった。諸外国にあるビットコインの取引所やウォレット（電子財布）のサービスでは、日本の金融機関はほとんど除外されている。できるだけ早く、こうしたグローバルなネットワークに参画しないと、サービスのガラパゴス化が進んでしまうだろう。

今回の法改正は、一部の与党議員の熱心な活動で実現した面が大きい。粘り強く立法活動を進めてきた彼らの存在がなければ、日本は半永久的にビットコインの市場から閉め出されていたかもしれない。

第2章

雇用大激変！　ＡＩでなくなる職業、残る職業

ＡＩでどんな仕事がなくなるのか

４つのテクノロジーのうち、最初に取り上げるのはＡＩ（人工知能）である。

ＡＩに関する記事が多くのメディアに掲載されるようになったことで、ＡＩの普及で仕事がなくなってしまうという話は社会の共通認識となりつつある。だが具体的にどのような仕事が消滅するのかということになると、十分にイメージできる人は少ない。多くの人が当事者であるが故に、現実と願望が入り交じるからである。

営業がAIに代替されないという話の虚実

ある人材会社がビジネスマンやコンサルタントに対して行ったアンケート調査は非常に興味深いものであった。

人材会社であるエン・ジャパンは２０１６年、同社が運営する転職サイト「ミドルの転職」の利用者（35歳以上）に対して、ＡＩに関するアンケート調査を実施している。これは転職サイトの利用者に対するアンケートなので、ごく一般的なビジネスマンが回答していると考えてよい。それによると、ＡＩによって代替されにくい職業として1位になったのは営業系、2位は経営企画系、3位はクリエイティブ系だった。

同社は、同じような調査を転職コンサルタントに対しても実施している。

転職コンサルタントは、人材に関するプロなので、企業側のニーズは熟知しているはずである。それによると、ＡＩに代替されにくい職業としてトップになったのは経営者、2位は経営企画、3位は営業、4位は弁護士だった。

1位と2位は近い分類になるので、転職のプロは、経営、営業、弁護士の3職種についてＡＩに代替されにくいと考えていることになる。

経営者もしくは経営企画部門の人材がＡＩに代替されにくいということは、おそらくほとんどの人が同意するだろう。問題は、もっとも数が多い職種のひとつであり、両方でランキング入りしている営業である。

営業が代替されない理由としては、「個性」や「キャラクター」が相手との関係構築に重要であるからといったものが多かった。つまり、転職のプロもビジネスマン本人も、営業は個性が大事なのでＡＩには代替されにくいと考えているわけだが、果たして、この仮説は正しいのだろうか。

これについて、ＡＩに関する研究者たちは異なる見解を述べている。

ＡＩがどのような仕事を代替するのかということについては、今のところオックスフォード大学が行った研究がもっとも有名である。それによると、営業系はむしろＡＩに代替される確率が高い職種に分類されている。

もっとも、営業系の職種といっても内容は様々である。同研究では、ルート営業や電話営業などは高い確率で代替される一方、金融営業などは代替されにくいと結論付けている。

つまり付加価値の低い営業は簡単にＡＩに取って代わられ、高付加価値の営業は代替されにくいということになる。日本の場合、対面がより重視される傾向が強く、諸外国とは同じにならないかもしれないが、低付加価値型営業がＡＩに取って代わられる可能性は高そうだ。ただ見落としてはならないのは、同研究ではＡＩのコストは加味されていないという点である。

いくら低付加価値の仕事でＡＩによる代替可能性が高いといっても、コストが割高では企業はＡＩ導入を決断しない。賃金が極めて安い職種は逆にＡＩに代替される可能性が低くなるということも頭に入れておく必要があるだろう。

この話は逆も成立する。

仮に付加価値が高い仕事であっても、賃金が高く、企業から見てコスト負担が大きいと思われる仕事はＡＩに取って代わられる可能性が高くなってくるのだ。

具体的に言えば、会計士、パイロット、弁護士、医師といった職種だ。

技術的には、パイロットの仕事はほぼ１００％、ＡＩに代替させることが可能となっている。パイロットが操縦しない航空機に顧客が乗りたがるのかというメンタルな部分や政府の規制の問題はともかくとして、航空会社がコスト負担が大きいと感じれば、パイロットの仕事は容易にＡＩに取って代わられる。その点では、弁護士も同じである。

先ほどの転職コンサルタント向けのアンケートでは、ＡＩに代替されにくい職業の４位として弁護士が入っている。しかし、弁護士の仕事については興味深い話がある。

大手弁護士事務所のある弁護士は専門誌への寄稿において、弁護士という仕事がまるまる消滅することはないと前置きしながらも、過払い請求や交通事故対応など、特定分野における弁護士の仕事は容易にＡＩに代替される可能性があると論じている。

すでに米国の大手弁護士事務所は、ＩＢＭが開発した人工知能「ワトソン」をベースにした人工知能サービス企業とアドバイザー契約を結んでいる。大量の文書を読み込ませ、弁護士の業務を人工知能が支援するという。

これは弁護士という業務の中で、文書を読み込んだり、事実関係を整理するという単純作業をＡＩが行い、弁護士本人はより重要な仕事に集中するという話だ。ＡＩが導入されれば、これまでと同じ仕事をより少ない弁護士の数でこなせるようになり、弁護士の数が変わらないならば、より多くの案件を処理できることを意味している。

AIは仕事を消滅させるわけではないが……

一連の話は、今後、ビジネスの世界にＡＩがどのように浸透してくるのかについて有益な示唆を与えてくれる。

つまりＡＩは何か特定の職種を奪うのではなく、あらゆる職種において仕事の進め方や人の配置を変える可能性が高いのだ。

組織の中で高いパフォーマンスを上げている人が、ＡＩの支援を受けると、飛躍的に生産性を伸ばせる可能性が出てくる。

これまでも組織の仕事においては、特定の人物に仕事が集中する傾向が見られた。だが物理的な限界が存在するため、一定以上の仕事量を特定の人物がこなすことは現実的に難しかった。しかし、ここにＡＩによる支援が入ると、仕事の集中化が一気に進む可能性が見えてくる。これは先ほどの営業マンの話についても同じである。

営業部門にＡＩ機能を搭載した営業管理システムが導入されるのは、もはや時間の問題となっている。これまでの営業支援システムは、スケジュール管理や営業の進捗管理が基本的な機能だった。営業成績を向上させるための機能も搭載されているが、あくまでそれは付加的なものでしかなかったはずだ。

しかしＡＩ機能をこのシステムに実装すると、システムを導入する意味が根本的に変わってくる。人工知能を使えば、営業マンが作成したメールや文書をシステムが分析できる。社内での理解が得られれば、電話のやり取りを録音し、自然言語解析技術を使って内容を把握することも可能となるだろう。

人工知能は、もっとも高い営業成績を上げている営業マンに着目し、メールの書き方、提案の進め方、電話の応対などを次々と学習していく。そして、営業成績を上げるためには、どのようなやり方がベストなのか、情報を体系化し、一種のマニュアルを作成するようになるはずだ。

次にそのシステムが行うのは、営業成績が振るわない営業マンに対する指導である。メールを書いて顧客に送ろうとすると、システムが「その文面では十分な顧客満足を得られません。以下のような形に書き直してください」と警告を発することになる。やがてそのシステムは、支援を行っても営業成績が向上する見込みがない人物をリストアップしてくるだろう。

実は米グーグルでは、メールの文面などを人工知能が解析し、近い将来、会社を辞めてしまいそうな人物をリストアップするということが実際に行われている。

つまりＡＩの普及は仕事を消滅させるのではなく、成果を上げていない人の居場所を奪う可能性が高いのだ。この動きはおそらく、あらゆる産業に波及することになるだろう。

ＡＩの影響を受けるのはどのビジネス？　その①
（仕事の代替可能性からの分析）

先ほど、ＡＩの普及によって、できる人に仕事が集中する可能性があると述べたが、こうした動きは企業の経営にどのような影響を与えるのだろうか。以下では、ＡＩの普及が企業の経営に与える影響について分野ごとに掘り下げてみたい。

雇用の減少は製造業がもっとも多い

ＡＩの普及が企業経営に及ぼす影響を評価する手法として、筆者は以下の３つの方法があると考えている。ひとつは、労働者の働き方の変化から企業全体の変化を予想するという手法、もうひとつは、人手不足の状況からＡＩ導入の水準を予測するという手法、最後は、資本と労働の比率からＡＩ化の水準を予測するという手法である。

一番目の手法はどちらかというミクロからの積み上げであり、二番目、三番目はマクロ的な手法ということになる。最終的にはこれらの評価方法の結果を総合的に判断するのがよいだろう。

個別職種（ミクロ）から積み上げる方法の基礎となるのは、先ほども紹介したオックスフォード大学による労働代替の研究成果である。この考え方を日本の業種に応用すれば、どういった仕事がAIに置き換わりやすく、その結果、どの業種への影響が大きいのかが分かってくるはずだ。

日本における具体的な影響については、経済産業省がすでに試算を行っている。この試算では、AIによる仕事の置き換えについて、「特に対策せず現状放置したケース」と、「社会のAI化に合わせて産業構造全体を変革したケース」に分けている。前者は受動的AI化、後者は積極的AI化とでも言えばよいだろうか。

AIを積極的に導入すれば大きなプラスの効果が得られるはずだが、直接的なAI導入の影響を考える場合には、受動的AI化の結果を見た方が話はシンプルだ（図2）。

それによると、従事者数の減少がもっとも多いのは、製造・調達部門となっており、2015年から2030年の間に、約262万人分の雇用がなくなると予想している。

製造部門では工場の無人化、省力化が進み、直接製造に携わる労働者の数が減少する。

（図2）2030年までに減少する従業者数

職種別

職種別	
経営・研究開発	-136万人
製造・調達	-262万人
営業（付加価値）	-62万人
営業（一般）	-62万人
サービス（付加価値）	-6万人
サービス（一般）	—
IT業務	-3万人
バックオフィス	-145万人
建設作業など	-82万人

業種別

業種別	
原材料	-81万人
製造業（中間財）	-58万人
製造業（最終製品）	-214万人
サービス（役務・技術）	-283万人
情報サービス	-17万人
サービス（おもてなし系）	-80万人
インフラ	-53万人
医療・介護・教育など	—

*現状の経済が維持された状況を想定
*産業構造改革が進んだ場合には、雇用減少幅は縮小する

出典:経済産業省「新産業構造ビジョン」をもとに筆者作成

また調達部門については、サプライチェーンのIT化がさらに進むことで、調達管理や出荷、発送に携わる労働者の数が減少する。

次に減少数が多いと試算されているのが企業のバックオフィス業務で、2030年までに145万人分の仕事がAIに置き換わる可能性がある。

経理や給与計算といった単純業務は、一般論として容易にAIに置き換えが可能である。これらのバックオフィス業務は米国などでは1990年代の後半から新興国へのアウトソーシングが進み、すでにかなりの部分が外注化されてきた。

日本には言語のカベがあり、グローバリゼーションによるバックオフィス部門の外注化は進展しなかったが、ＡＩの場合には言葉の問題は生じない。これまで外注化に対する免疫がまったくなかった部門だけに影響は大きいかもしれない。

建設作業員といった肉体労働も機械化の進展で減少するとしているが、製造現場の雇用やバックオフィスの雇用と比較すると減少幅は小さい。建設現場での機械化はすでに進んでおり、これ以上の機械による代替はコスト的に合理的ではないと考えられる。

逆に減少数が少ないのは、レストランの接客や介護といった、人とのコミュニケーションが重視される分野だ。ただ、同試算では、大衆飲食店の接客やコールセンターなどの業務については、社会のＡＩ化が高度に進んだ場合は、大きく減少すると予想している。つまり、社会がＡＩをあまり受け入れなかった時は、むしろこうした低付加価値業務の従事者は増加し、ＡＩ化が進むと急激に減ることになる。

社会がどれだけＡＩを受け入れようとするかによって労働者の数が大きく変化するというのは注目すべき視点といえるだろう。

多くのビジネスマンがなくならないと予想、あるいは期待していた営業職は、約62万人の減少と推定されている。ＡＩやビッグデータを使った営業支援が進むことで、定型の販売業務に従事する人の数は大幅に減少する。ルート営業などは要注意だ。

おもてなし系の仕事はなくならない

これまでの試算は就業構造別のものだが、産業構造として見た場合はどうなるだろうか。ひとつの会社の中には、様々な職種が混在しており、最終的にどの業界が影響を受けるのかは、ＡＩによって減少する従業員の数がどのくらいいるのかで変わってくる。

減少数がもっとも多いと試算されたのは、顧客対応型製造部門と役務・技術提供型サービス部門であった。

顧客対応型製造業は、最終製品を購入する顧客とのやり取りが必要になる製造業という意味である。自動車やＡＶ機器など一般に知られているメーカーは多くがこのカテゴリーに入る。ここには２０１５年時点で７７５万人の従事者がいるが、２１４万人の減少が見込まれている。

この分野は後述するＩｏＴとの関係も密接である。ＩｏＴとＡＩ化に対応できるメーカーになれるかどうかが、生き残りのカギとなるだろう。

役務・技術提供型サービスは、小売、卸、金融などのことを指している。このカテゴリーの従事者は多く、2015年時点で2026万人となっているが、このうち減少分は283万人と予想されている。AI化による流通システムの合理化や販売戦略の転換に対応できない企業は生き残りが難しくなる可能性が高い。

金融については、製造業におけるIoTと同様、フィンテックへの対応レベルによって今後の展開は大きく変わってくる。AI化とフィンテックはセットで考えた方がよさそうだ。

製造業とサービス業という区分けで見れば、AIによる減少数はほぼ同じ水準である。だが、日本では製造業よりサービス業の従事者の方が多いという現状を考えると、業界としてのインパクトは製造業の方が大きいということになる。

ただ、同じ製造業といっても、原材料や中間財の分野はそれほど大きな影響は受けない。石油製品、鉄鋼、化学といった業界での影響は少ないとみてよいだろう。一方、直接的なコミュニケーションを必要とするおもてなし系のサービスについては、潜在的な需要が伸びていることやコストの問題もあり、それほどＡＩには代替されない。またＩＴ分野も、ＡＩによる代替可能性が極めて高いと認識されているが、ＡＩ化による市場の伸びがこれを相殺する可能性が高い。

医療、介護、教育などの分野もＡＩ化が進むが、規制の問題もあり、雇用の伸びが抑制される程度にとどまるだろう。

ＡＩの影響を受けるのはどのビジネス？　その②（人手不足水準からの分析）

先ほどの試算は、仕事そのものがどの程度ＡＩによって代替されやすいかという観点で行われたものである。

だが、いくら代替可能性が高くても、人材に対するニーズが強くなければ代替は進まない。逆に人手不足が深刻であれば、ある程度のコストをかけても代替が進む可能性は高くなる。以下、業界に対する需要や人手不足という観点から、ＡＩ化の影響を考えてみたい。

市場が拡大している場合

十分な需要があり、市場が拡大している業種の場合、ＡＩは人減らしではなく、生産性を向上させ、生産量を拡大するために投入されることになる。市場が伸びているので、資金的にも余裕があることから、ＡＩへの投資もより積極的になるだろう。従来の市場が労働集約的だった場合にはその効果は倍増することになる。

たとえば、採用を中心とした人材紹介市場などは、こうした業種の典型となるかもしれない。

日本では若年層の人口が減っているにもかかわらず、就職活動の活発化や転職の一般化によって人材紹介ビジネスの市場は拡大している。人材紹介ビジネスは、基本的に労働集約型だが、最近ではＷｅｂサイトなどを活用したＩＴ活用型も増えてきている。

今後はスマホ・シフトがさらに進むことから、ＳＮＳの運営を通じてビジネスマンに関する情報収集を行い、一連の採用業務をさらにシステム化していく動きが加速するだろう。適性の判断やマッチングといった業務はもともとＡＩとの親和性が高く、業界全体としてＡＩ導入が進む余地が大きい。

　こうした業種の場合、市場そのものは伸びているので、ＡＩの導入がすぐに人員削減にはつながらないかもしれない。社員の活動をＡＩがサポートする、あるいはＡＩ主導で補助的な業務を社員が行うといった形になるだろう。

　だからといって、こうした業種のビジネスマンは安泰なのかというと、そうとは言い切れない。人員削減の対象とはならなくても、社内における役割分担やそれに伴う報酬体系では格差が生じる可能性があるからだ。

　ＡＩを使って紹介業務をオペレーションできる人と、手足となって動く人とでは当然、報酬も変わってくる。業界内で職種の二極分化が進んでいく可能性は高いとみておいた方がよいだろう。

　一方、同じ拡大市場でも、慢性的な人手不足が続くと予想されているのが介護の分野である。

　市場が伸びていることに加え、人手不足が深刻という状況を考えると、介護の分野は一気にＡＩ化（あるいはロボット化）が進むように思えるが、必ずしもそうとは言い切れない。最大の懸念材料はコストである。

介護のビジネスは公的保険をその原資としており、そもそもあまり儲《もう》からない。現在の介護保険制度の財政状況では、ロボットのコストまで公的な資金でカバーするのは難しいだろう。また介護の現場は、イレギュラーな作業も多く、安全性の問題などクリアすべき課題も多い。介護業務がロボットに全面代替されるまでにはやはり時間がかかる。

ただ、要介護者との簡単なコミュニケーションや状況の把握といった補助的な業務にＡＩを活用できる余地はあるので、一部のＡＩ事業者にとってはチャンスかもしれない。

だがＡＩの導入によって産業セクターそのものが大きく変わる可能性は低いというのが筆者の見立てである。介護の現場では安全確保が最優先されるという事情も、導入に大きく影響してくるだろう。現時点ではあまり意識されていないが、重量物であるロボットは、扱い方を間違えるとかなり危険な存在となり得る。

人手不足の業界でもっとも影響を受ける情報サービス

これまで取り上げたような、市場が拡大している業種というのは今の日本ではむしろ例外的である。人口減少が進んでいることから、多くの業界において、市場規模が横ばい、あるいは縮小となっている。

だが、市場の縮小以上に日本では労働人口の減少が著しい。このため、景気が低迷しているにもかかわらず、多くの業界で人手不足が深刻化している。この傾向は今後さらに顕著になっていく可能性が高いだろう。

人手不足の業界の場合、積極的にＡＩが導入されるケースとそうでないケースに分かれることになる。一定の市場が維持されているものの、人材の不足が著しい業界は積極的にＡＩが導入されるだろう。

一方、市場全体が縮小しているようなケースでは、逆にＡＩが導入されず、市場の縮小と従事する労働者の数の減少が同時に進む可能性が高い。

図3は、業種ごとの人手不足感を示したグラフである。日銀が四半期ごとに行っている全国企業短期経済観測調査（いわゆる短観）をもとに作成したもので、左にいくほど人手不足が深刻であることを示している。

このグラフを見て分かるように、ほとんどの業種が人手不足に陥っており、潜在的なＡ

（図3）業種ごとの人手不足感
（2016年9月時点）

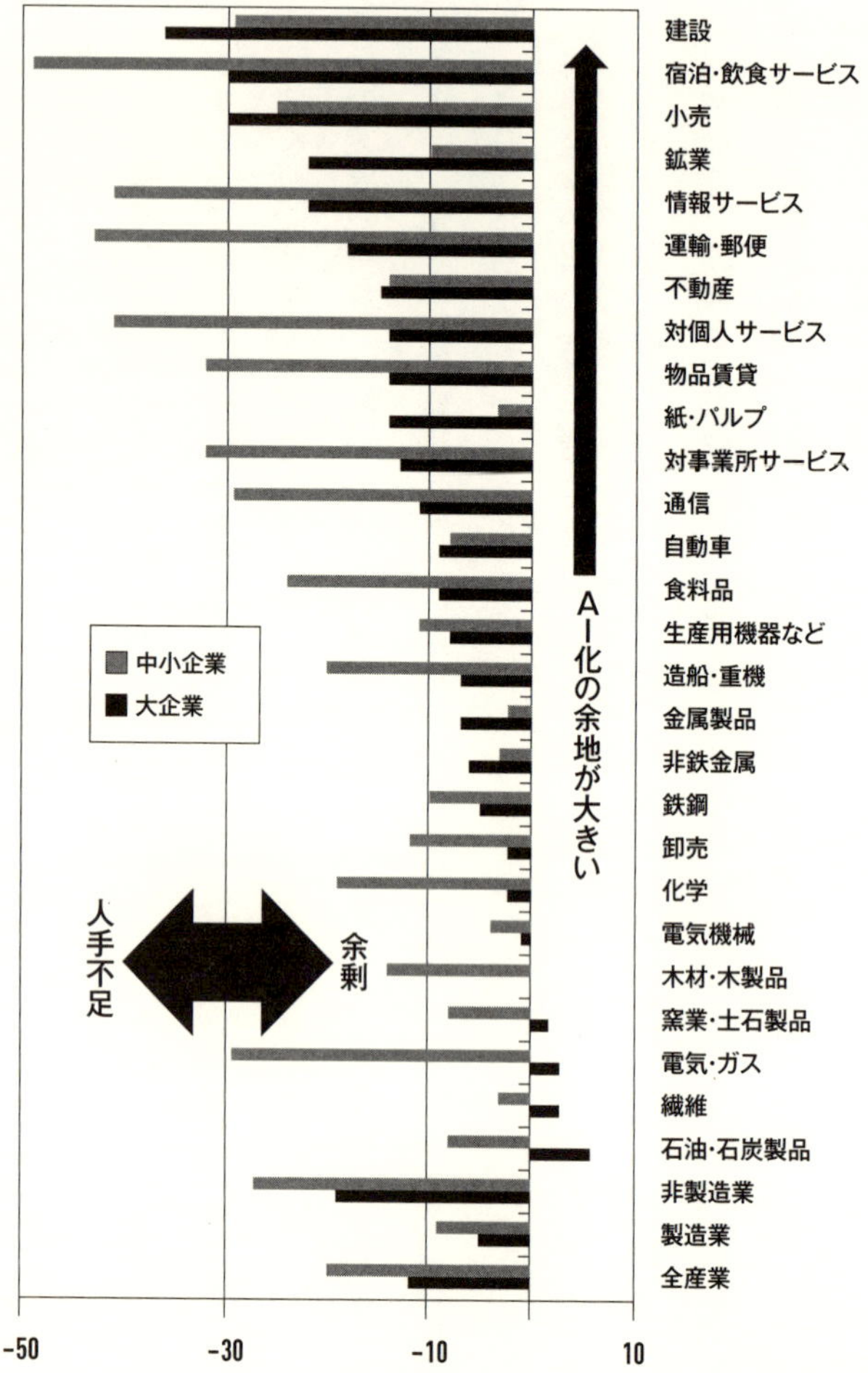

出典：日銀短観より筆者作成

Ｉへのニーズは高いことが分かる。

人手不足感が強いのは、建設、宿泊・飲食サービス、情報サービス、運輸、対個人サービスといった業種である。

これらの業種の中でもっとも大きな影響を受けそうなのが情報サービスだ。ＡＩに関する議論ではあまり取り上げられていないが、本格的なＡＩの普及でもっとも大きな影響を受ける可能性が高いといわれているのが、プログラマーやシステムエンジニアなどＩＴ関連技術者である。

企業向けの情報システムは、通常、コンサルタントが企業側の業務を分析し、最適なシステムを提案する。このプランに基づいてシステムエンジニアがシステム全体の設計を行い、個別のシステムをプログラマーが開発していく。

企業側のニーズを探り出したり、システムの基本設計を行うところまでは、人が介在しないと業務が進まないが、基本設計さえ完了してしまえば、その後の作業はかなりの部分までＡＩで自動化することができる。人手不足が深刻なので失職のリスクは少ないが、単純な開発業務に従事している技術者にとっては厳しい時代となるかもしれない。

情報サービス産業は、一部の大手企業を除いてほとんどが国内市場向けとなっている。本来であれば横ばいあるいは縮小の市場だが、当分の間、ＩＴ投資が低迷することは考えにくいので、今後も一定のニーズは存在し続けると考えた方が自然だろう。このような業界の場合には、コストをかけてでもＡＩを導入するインセンティブは強くなるはずだ。

ＡＩの影響を受けるのはどのビジネス？　その③
（資本集約レベルからの分析）

業務の代替可能性や人手不足の状況に加えて、その企業がどの程度、労働集約的なのかということもＡＩ化に大きく関係する。企業はビジネスモデルによって、労働集約的か資本集約的かに分類できるが、両者ではＡＩ化の効果も当然異なってくる。

労働集約と資本集約

経済学の世界では、企業や経済全体の生産活動は、以下の3つの要素で決定されると考えられている（これらを使った生産の問題については後述する）。

①資本投入
②労働投入
③イノベーション

資本投入と労働投入が多く、それらを有効活動できるイノベーションを持った組織がもっとも大きな生産力を持つ。同じ成長を実現している企業でも、それを資本投入によって実現しているのか、労働投入によって実現しているのかによって、ビジネスモデルは大きく変わってくる。これが資本集約的なのか労働集約的なのかという違いである。

労働集約的というとマイナスのイメージを持つ人もいるかもしれないが、労働集約的であることが必ずしもよくないこととは限らない。

安価な労働力を大量投入した方が効率がよいビジネスというものは一定数、存在しており、その領域で高いパフォーマンスを上げるためには、労働集約的な組織でオペレーションするのがベストである。要するに市場の環境にもっとも合致した組織であることが重要なのであって、資本集約であればよいという話ではない。

こうした企業のビジネスモデルや経済全体の構造を理解するための指標のひとつに資本労働比率というものがある。これはある時点での資本ストックを労働投入量で割ったものである。この数字が大きいほど企業は資本集約的であり、数字が小さいほど労働集約的と考えることができる。

日経225を構成する企業の財務データなどから資本労働比率を計算し、その分布を示したのが次ページの図4（上）である。加えて、日経225構成企業の中で、もっとも資本労働比率が高い企業15社ともっとも低い企業15社をランキングしたのが図5である。

資本ストックとしては各企業の総資産を、労働投入としては従業員数と労働時間を用いた。金融機関はほかの産業に比べて保有する資産額が極端に大きくなるので、分布図から除外してある。

225社のうち極端に資本集約的な企業が少数存在するが、ほとんどの企業は100以内の範囲に集中して分布している。平均値を取ると49となり、中央値は37となった。この前後は頻度がもっとも高いので、このあたりが労働集約的か資本集約的かの分かれ目と

（図4）日経225企業における資本労働比率の分布

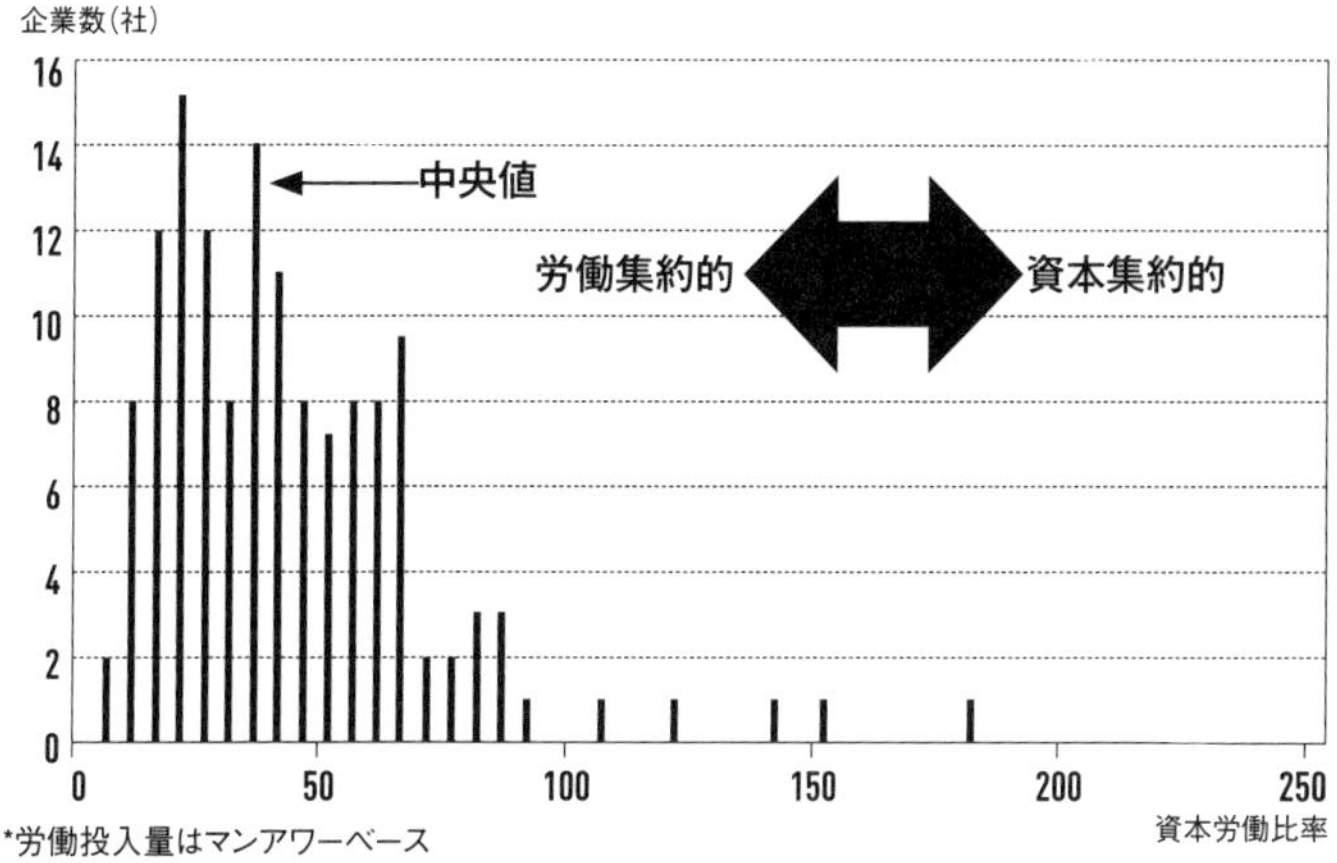

*労働投入量はマンアワーベース
出典：各社決算資料、厚生労働省などから筆者作成

（図5）日経225企業の中でのランキング

順位	労働集約的	資本集約的
1位	ミツミ電機	ソフトバンクグループ
2位	ヤマトホールディングス	東京電力ホールディングス
3位	ミネベア	三井不動産
4位	双日	楽天
5位	フジクラ	NTTドコモ
6位	住友電気工業	JXホールディングス
7位	古河電気工業	三井物産
8位	アルプス電気	ファナック
9位	太陽誘電	関西電力
10位	TDK	三菱商事
11位	パイオニア	商船三井
12位	TOTO	昭和シェル石油
13位	沖電気工業	KDDI
14位	富士通	住友金属鉱山
15位	日本通運	中部電力

出典：各社決算資料などから筆者作成

なっているようだ。

資本集約型企業というと製造業をイメージするかもしれないが、必ずしもそうとは限らない。実は資本集約型の企業が生み出す製品やサービスは輸送のコストも大きく、輸出に向かないともいわれている。

たとえば鉄鋼業を例にとって考えてみよう。

鉄鋼業でも規模の大きい高炉のビジネスは、建設コストの高い炉を設置し、原料を調達して製品になるまでに多くの工程が必要となる。このため、大規模な高炉メーカーの輸出依存度は実はそれほど高くない。工場も国内に集中して立地していることも多い。

同じ製造業でも、電子部品などは輸送のコストが安い。このため、工場の立地にあまり制限がなく、製造したものは自由に輸送することができる。こうした企業は労働集約的になっており、工場もあちこちに分散している。

もっとも資本集約的な色彩が濃いのはインフラ系の企業である。

通信会社や鉄道会社、電力会社は、毎年巨額の設備投資をし、減価償却を行いながら、設備の更新を続けていく。こうした企業の資本労働比率は一般的に高い。

日経225企業のランキングにもこうした一般的な傾向は反映されている。

労働集約型でトップになったミツミ電機は、スマホ向けを中心とした電子部品のメーカーである。売上高は1600億円ほどあるが、従業員数は3万7000人となっており、企業規模に比してかなり多い。ランキングの3位にミネベアが入っているが、実はミツミ電機とミネベアは2017年3月をメドに経営統合を実施する予定となっている。

ミネベアは極小ベアリングではシェアの高い企業で、最近ではスマホ向けのバックライトの事業が伸びている。売上高は約6000億円だが、6万人以上の従業員を抱えており、やはり人の数で勝負している面が多分にある。

ミツミとミネベアは、資本労働比率で見た場合、近いビジネスモデルということになるのだが、現実に両社は経営統合されることになった。やはり両社の経営陣たちも、ビジネス的な親和性が高いと判断したものと思われる。

電子部品メーカーや運送会社はAI化の余地が大きい

労働集約的な企業の第2位になったのは、ヤマト運輸などを傘下に持つヤマトホールディングスだ。ヤマトが労働集約的ビジネスであることは多くの人がイメージできるはずだ。15位に日本通運がランキング入りしていることからも、そうした状況は想像できる。富士通はかつて半導体なども積極的に手がけていたが、現在では情報サービス企業としての色彩が濃くなっている。システム構築の世界は、一般的に労働集約的であることを考えると、同社がランキング入りしているのも不思議なことではない。

一方、資本集約型のランキングには、ソフトバンク、東京電力、ＮＴＴドコモ、ＫＤＤＩなど、典型的な設備投資産業が並んでいる。通信会社と電力会社はインフラの塊なので、常に資本の額は大きくなる。

総合商社は「人」のビジネスというイメージが強いが、ひとたび商権を確立すると、それが長期間にわたって継続するという特徴がある。資源関連分野はその典型だが、これは一種のストックビジネスであり、最終的に商社はこうした資産を活用してビジネスを行っていることになる。楽天は金融ビジネスを抱えている影響も大きいが、ＩＴインフラ企業と考えることもできるので、新しいタイプの資本集約型企業ということになるだろう。

では、これらの企業の中でＡＩ化の影響をもっとも受けるのはどこだろうか。

ＡＩが人の業務の一部、あるいは全部を代替するということになると、一般論で考えた場合、労働集約型の企業はその有力候補ということになる。電子部品メーカー、運送会社、情報システム会社などが該当するだろう。

先ほど例に取り上げたミツミとミネベアのような企業が、本格的に工場にロボットを導入すれば、生産性を大幅に拡大できるはずだ。

ＡＩ型経済ではいくらでも生産が可能

これまでは主にＡＩが企業経営に与える影響について論じてきたが、企業の経営が変化するということになると、当然、経済全体への影響も大きくなってくる。

現時点でＡＩやロボットは業務の一部を代替するだけだが、そのレベルが上がってくると、マクロ経済の構造にも影響が及ぶ。場合によっては経済成長そのものや、労働の意味についても問い直す必要があるかもしれない。

経済は資本と労働で決まる

先日、ＡＩに関する興味深い出来事があった。将棋の竜王戦で挑戦者に決まっていた三浦弘行九段が、対局中に将棋ソフトを不正利用した疑いで出場停止処分になったのである。その後「不正行為の証拠なし」との調査結果が出たが、ここで重要なのは、三浦九段がシロかクロかということではない。この処分が発表された後の世間の反応である。

今回の出来事に対するネット上での反応は「特に驚かない」といったクールなものがほとんどだった。以前、将棋ソフトが初めてプロ棋士を破った時のヒステリックな反応と比較すると天と地ほどの差である。ＡＩに対する社会の認識は想像以上のスピードで変化する可能性があることをこの事例は示している。

もしＡＩが社会に本格的に普及すると、経済の仕組みが大きく変わり、その経済システムの中で生活している人々の労働に対する意識にも大きな変化が生じるに違いない。

では、本格的にＡＩが企業社会に普及すると、経済はどのように変わるのだろうか。

経済学の世界では、企業や国全体の生産量は、投下された資本と労働によって決まるとされている。つまり、多くの資本を投下すればするほど、多くの労働を投入すればするほど、経済は伸びていく。

もちろんこの話は、需要があればということになるわけだが、新古典派経済学では最終的に経済は供給サイドが決めるという考え方に立脚しているので、カギを握るのは生産力ということになる（ケインズ経済学では少し異なる見解になる）。ただ、資本や労働を無制限に投入すれば、いくらでも生産が伸びるというわけではない。そこには一定の制限が存在しており、これが既存の経済システムにおける成長の限界となっている。

企業や経済の生産力は生産関数と呼ばれる数式でモデル化されている（図6）。生産関数にはいろいろなパターンがあるが、もっとも多く使われているのはコブ・ダグラス型生産関数と呼ばれるものである。この式で、Kは資本（設備投資）、Lは労働量（従業員の労働）、αは資本分配率を示している。資本分配率と労働分配率は対称関係にあるので（1－α）は労働分配率を示している。

Aは全要素生産性と呼ばれイノベーションの度合いを示しているが、とりあえず、ここ

（図6）生産量を決定するコブ・ダグラス型生産関数

$$Y\text{（生産量）}=AK^{(\alpha)}L^{(1-\alpha)}$$

K：資本
L：労働量
A：イノベーションの度合い（定数）
α：資本分配率（定数）

従来型経済とAI型経済で、
設備投資を増やした時の生産量の動き

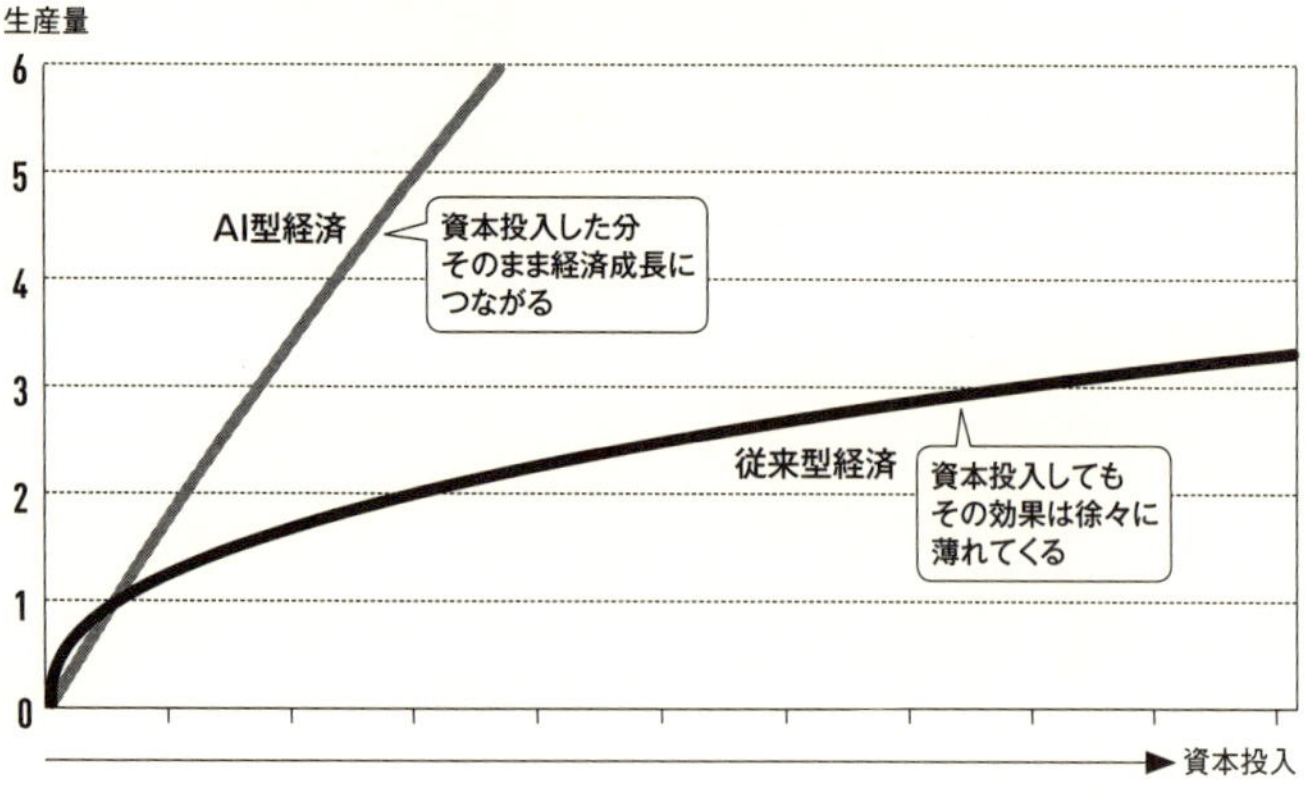

ではAとαは一定と考えればよい。

そうなると、この式は何を意味しているだろうか。

企業は生産を拡大しようとする場合、人を増やすか設備を増やすかの選択を迫られる。人を増やせない場合、設備を増やすことになるが、最初は設備を増やした分だけ生産量が増えるが、やがてその効果も薄れてきてしまう。

これは企業のIT化を想像すれば分かりやすいだろう。

初めは2人で1台のパソコンをシェアしていたところに、追加で設備投資を行って1人1台にすれば生産は拡大する。しかし、1人2台になれば生産が2倍になるのかというとそうはいかない。

これは、先ほどの生産関数において、労働量Lを一定にして、資本Kを増やすということに相当するが、その時の生産量は図6下のグラフのような形状になる。

当初は資本を投入すると、生産量が大きく増加するが、投入が増えてくるにしたがって、生産量の増加分が小さくなってくる。あまり設備投資をやりすぎると、逆に効果が薄れてくるのだ。

結局のところ、ある程度、設備投資を強化した後は、その設備が十分に稼働できるようコストをかけて人を雇う必要が出てくる。つまり人と機械は相互に投入しなければ順調に生産を拡大することはできない。

これは逆に言えば、安定した成長を実現するためには、人と資本のバランスをうまく調整する必要があるということを意味している。

AI型経済ではいくらでも成長が可能

ところがＡＩが普及すると、こうした状況に変化が生じてくる。

これまでは、人の仕事の大部分を機械で代替することは難しいとされていたが、ＡＩ時代にはその難易度が大幅に下がる可能性が高い。業務のかなりの部分がＡＩに置き換えられるとなると、企業は積極的にＡＩへの投資を行い、労働者への依存度を減らしていくだろう。そうなると先ほどの式における労働分配率が著しく低下していくことになる（逆に資本分配率が増加する）。

先ほどの生産関数の式において、労働分配率が著しく低い状態の場合、生産量のグラフはかなり直線に近くなってくる。つまり、ロボットやＡＩに追加投資をした分がそのまま生産拡大につながり、企業は半ば無制限に生産量を拡大できるのだ。そうなると、経済の成長は無限大となり、理論的にはいくらでも経済を拡大できるという解釈が成立する。もちろん現実には、すべての労働をＡＩで代替することは不可能だが、理屈の上ではそうした状況が起こり得るのだ。

このような経済の働きを阻害するものがあるとすれば、それは技術ではなく人々のマインドということになるだろう。確かに、新しい技術を拒絶すれば、ここで想定したような経済構造へのシフトは起こらない。だが、先ほど引き合いに出した将棋のように、ＡＩがもたらす価値観の転換は、短期間に人々の心理を変える可能性がある。

ひとたびＡＩが普及すれば、人の考え方はあっという間に変わり、それに伴って、仕事に対する価値観、さらには企業が提供する製品やサービス内容も大きく転換することになるかもしれない。

ＡＩの導入によって真っ先に影響を受けるのは製品やサービスの価格だろう。

従来、多くの労働力を投入しなければ実現できなかった製品やサービスが、人手をかけずに生産できるということになると、想像もしなかった分野で価格破壊が起こる可能性がある。

こうした状況に直面した時、企業はどう行動するだろうか。

業務の多くをＡＩが実施できるようになると、理論的には、企業は利益のほとんどを従業員ではなく、ＡＩへの投資に振り向けることになる。究極的に考えれば、企業に人は要らず、資本と機械があり、それを動かすごく少数の社員がいればよいわけだ。

日本は法制度上、正社員を簡単には解雇できないことになっているので、現実には大量解雇という話にはならないだろう。だが制度的に解雇できないという話とは別に、企業は、余剰となった人員をすぐに放出するとは限らない。その人員を使って新しい製品やサービスを生み出すという動きが出てくるからである。

ここで重要となってくるのが、労働に対する価値観である。

今の日本社会では、労働に対する義務感が非常に強くなっている。多くの人にとって、経済がゼロサム的な構造になっているという無意識的な自覚があり、それが労働に対する過剰な正義感を形作っている可能性がある。

だが、ＡＩ型経済が実現すると、社会に必要な生産物の多くが機械によって提供される。その結果、労働は必須のものではなくなり、それに伴って労働に対する価値観も変化する可能性がある。これは消費者のマインドにも大きな変化をもたらすはずだ。

ＡＩの導入で単調な業務から解放された人材が、まったく新しい価値観に基づいた製品やサービスを生み出す可能性も十分に考えられる。

第3章

シェアリング・エコノミーは消費を停滞させるのか？

シェアリング・エコノミーの概念は広い

ＡＩと並んで、近い将来、ビジネスのあり方や、経済の仕組みに大きな影響を与えそうなのがシェアリング・エコノミーである。

シェアリング・エコノミーという言葉に明確な定義があるわけではないが、既存のモノやサービスを情報技術を使って共有するというニュアンスで用いられることが多い。もっともイメージしやすいのは、民泊サイト「Ａｉｒｂｎｂ」や、本書の「はじめに」でも触れたタクシー配車アプリ「Ｕｂｅｒ」といったサービスだろう。

ただシェアリング・エコノミーの影響は、こうした消費者向けのサービスだけにとどまるものではない。現在、企業情報システムの世界では、システムの運用をクラウド上に構築した仮想的なサーバーに集約する動きが活発になっているが、これも、既存のリソースをシェアするという意味ではシェアリング・エコノミーということになる。

また、後ほど解説するが、ＩｏＴ（モノのインターネット）が普及することで、世界中の機器や生産設備がネットでつながる可能性が高くなってきた。産業機器がネットを使ってうまく最適化されるという動きも、シェアリング・エコノミーの一環として捉えることができる。

したがってシェアリング・エコノミーというのは、新しいネット・ビジネスと捉えるのではなく、すべての業界において、既存のリソースがシェア、あるいは最適利用される状況のことを指していると考えた方がよいだろう。

つまり、シェアリング・エコノミーが社会に与える影響を考える場合には、ＡｉｒｂｎｂやＵｂｅｒのような直接的なビジネスと、シェアリング・エコノミーの台頭によって間接的に影響を受けるビジネスという２つの観点での議論が必要となる。

メルカリが急成長した理由

シェアリング・エコノミーの例として、第１章ではタクシー業界を取り上げたが、それ以上に社会に急速に浸透しつつあるのがフリマ（フリーマーケット）である。

このところ、スマホを使って個人間でモノの売買ができるフリマアプリが急成長している。スマホを使って簡単に出品でき、オークションのように値段が変動しないので気軽に購入できるのが特徴だ。

これまでシェアリング・エコノミーといえば、限定されたサービスでの話だったが、無数の個人が本格的にモノの売買を始めるとなるとその影響力は計り知れない。中古品の売買は基本的にGDPにカウントされないので、経済の仕組みそのものを変えてしまう可能性も秘めている。

フリマアプリでもっとも有名なのは「メルカリ」だろう。

メルカリは起業家の山田進太郎氏が2013年7月に立ち上げたサービスで、スタートと同時に急成長し、約2年後の2015年10月には2000万ダウンロードを突破。2016年5月には3000万ダウンロードを達成した。現在では1日あたり50万点以上の商品が出品されており、月間の取扱高は100億円を超える。

楽天は2014年に同様のサービスである「ラクマ」を開始し、2015年12月にはZOZOTOWNを運営するスタートトゥデイがフリマアプリ「ZOZOフリマ」の提供を開始した。楽天は2016年9月に、フリマアプリの「フリル」を提供するFablic

を買収し、サービスのラインナップを強化している。

これまで中古品の個人売買といえばオークションサイトが中心だった。

オークションサイトはその名の通り、出品された商品の価格を購入者が決定するという仕組みになっている。一部、固定価格制も導入されているが、基本的には落札価格は入札者の指定する金額で動くことになる。思わぬ安値で購入できるというメリットもあるが、入札の作業が煩わしいことや、価格が跳ね上がってしまい、結局は思った値段で買えないなど利用者側の不満も大きかった。

つまりオークションにはかなりのゲーム性があり、これを楽しめる人でなければ、ヘビーユーザーにはなりにくい。また出品されてから入札が行われるまでの時間も長く（数日から1週間）、すぐに商品が欲しい利用者にとっては、時間の進みが遅く感じる部分もあっただろう。

このような理由から、オークションは、少々マニアックなものというイメージが出来上がってしまい、当初の予想ほどは普及しなかった。

今では完全にＳＮＳ企業あるいはゲーム企業となっているが、ＤｅＮＡは当初、オークションサイトの運営会社として事業をスタートした。だが、同社のオークションサイト「ビッダーズ」は利用者の伸び悩みから2014年にサービスを停止。楽天もオークションサイトを開設していたが、2015年にサービスを終了している。

フリマアプリの登場はまったく新しい中古市場を創出した

オークションとは異なり、フリマの場合には、基本的に出品者が決める固定価格が原則である。利用者がその価格でOKすればすぐに購入できる（値下げ交渉をするための機能は提供されている）。

品物の目利きが重要なのはオークションと同じだが、価格変動に追われることがないので、時間がないごく一般の消費者にとっては抵抗感が少ない。決済についても工夫が見られる。

メルカリの場合、会社が間に入るエスクロー方式というのが原則となっており、トラブル回避が最優先されている。エスクローの場合には、商品が到着しないと、出品者には代金は支払われないので慣れていない人でも安心だ。

運送会社と提携し、匿名で商品の発送や購入ができるサービスもあるので、住所などを一切、明かしたくない人でも取引ができる。人にもよるだろうが、見ず知らずの相手に住所を知らせることについて、抵抗を感じることもあるだろう。このあたりについてケアが行き届いていることも、一般の利用者にサービスを拡大させる原動力となっている。

取引の流れもオークションとは違う。

高性能化が進んでいるとはいえ、スマホという機能が制限されたデバイスの性質上、詳細な検索を行ったり、商品を一覧表示することは難しい。そのため、タイムライン上を流れてくる商品を眺め、気に入ったものがあれば購入ボタンをタップするというやり方になる。すべてがスピーディでシンプルだ。

実際、メルカリでは売買成立した商品の約半数が、出品から24時間以内のものということなので、従来のオークションとはまったく異なる市場と考えた方がよいだろう。

ちなみに、メルカリが徴収するのは売買が成立した時の手数料のみ。月額の会費もなく出品料も徴収しない。とにかく気軽に出品して、気軽に買えるというサービスである。メルカリは今のところレディースの販売点数が多いが（全体の26％）、市場拡大のペースを考えると、フリマアプリがあらゆる分野の売買を仲介するプラットフォームに成長する可能性は高い。

こうしたフリマ市場の拡大がもたらす影響については、主に2つの側面で考える必要がある。ひとつは、新製品市場への影響。もうひとつは、新製品市場への影響から波及する企業の設備投資への影響である。

中古市場が活発化すると、新製品市場は一定の打撃を受けることになる。ただ中古市場の拡大によって新製品市場がプラスの影響を受けることもあるので、一概にネガティブな現象とはいえない。しかも、新製品を扱う事業者にとっては、ビジネスチャンスにもなる。自らが販売した商品を再度、中古品として流通させるサービスを構築し、そこで収益を上げることが可能となってくるからだ。ネット小売店であるZOZOTOWNがフリマ事業を開始する狙いはまさにそこにある。

一方、製品そのものを製造しているメーカーにとっては、需要の減少という事態に直面することになるかもしれない。

ＩＴ業界こそがシェアリング・エコノミーの影響を受ける

既存のリソースをうまく組み合わせ、多くの利用者でシェアするというやり方は、ＩＴビジネスとの親和性が高い。

一般的にシェアリング・エコノミーは、ＩＴによって社会が大きな影響を受けるという文脈でイメージされることが多いが、シェアリング・エコノミーの影響をもっとも大きく受ける業界のひとつは実はＩＴ業界自身なのである。

アマゾンはすでに450万台のサーバーを保有？

このところＩＴ事業者によるクラウドサービスが驚異的な伸びを見せている。中でも米アマゾンが提供する「ＡＷＳ（Amazon Web Services）」とマイクロソフトの「Ａｚｕｒｅ」の躍進が著しい。このペースで両事業の拡大が進めば、近い将来、ＩＴ投資の多くが２社のクラウドに集中するという話も、あながち非現実的ではなくなってくる。

仮にそのような事態となった場合、これまでシステム構築の請け負いを主業務としてきたＩＴサービス事業者は極めて大きな影響を受けることになるだろう。

とにかく最近のクラウド事業の伸びは著しい。

アマゾンの２０１６年７～９月期決算におけるＡＷＳの売上高は、前年同期比55％増の32億３１００万ドル（約３３６０億円）だった。このペースが続けば、売上高はさらに拡大し、２０１６年通期では１００億ドルを突破する可能性が高い。たった１社のクラウドサービスがとうとう１兆円産業に成長することになる。

マイクロソフトのクラウド事業も好調だ。同社はＡｚｕｒｅの売上高そのものは公開していないが、この四半期は前年同期比で2倍以上の売上高になっている。マイクロソフトには分厚い法人顧客基盤があり、これらが一気にクラウドにシフトした場合のインパクトは大きいはずだ。

調査会社のガートナーは、２０１５年における世界のパブリッククラウドサービス市場の規模は１７５０億ドルで、２０１６年には２０４０億ドルに拡大するとしている。アマゾンとマイクロソフトのクラウド事業が２０１６年に２００億ドルに成長すると仮定した場合、すでに両社は1割のシェアを確保していることになる。

両社の事業規模が持つインパクトは、売上高の数字を見ただけでは今ひとつピンとこないが、保有しているサーバーの台数で考えるとその巨大さが分かる。

アマゾンとマイクロソフトは、クラウド事業向けに自社が保有しているサーバーの台数などについて情報を開示していない。ただ部分的に明らかにされている情報などから、おおよその台数を推定することは可能だ。

データセンターに収納されたサーバーからは大量の熱が発生する。このため、サーバーを目一杯、施設に収納することは難しく、単位面積あたりのサーバー台数を制限する必要がある。アマゾンがデータセンター向けに確保している施設の面積といった情報や、サーバーの熱特性などの技術情報から同社が何台のサーバーを保有しているのか推定することができる。

こうした部分的な情報を総合し、筆者が独自に推定したところ、アマゾンは2015年時点では約450万台程度のサーバーを保有している可能性が高い。

Azureの売上は一部報道によるとAWSの3分の1程度まで迫っているとされる

が、マイクロソフトはクラウドの設備投資に積極的なので、アマゾンと同程度のインフラ投資はすでに実施済みの可能性が高い。そうだとすると、マイクロソフトもすでに300万台から400万台程度のサーバーを保有していてもおかしくないことになる。

合計すると、アマゾンとマイクロソフトの2社ですでに800万台程度のサーバーを運用しており、2017年中にはおそらく1000万台を超える。

この数字はかなり驚異的である。

2015年における世界のサーバー出荷台数は1100万台であり、サーバーの償却期間を5年とすると、全世界には5500万台のサーバーが稼働している計算になる。この数字を前提にすると、世界のサーバーの5分の1がすでにアマゾンとマイクロソフトの2社によって管理されている可能性が高いのだ。このまま2社への寡占化が進んだ場合、世界のITインフラの半分近くが両社に集中するという状況も十分にあり得るだろう。

日本では20万人の技術者が影響を受ける?

こうした動きは、ITサービス業界に極めて大きな変化をもたらすことになる。

ＩＴのインフラ基盤が特定の事業者に集中することになると、情報システムの構築や管理もこうしたクラウド企業が請け負うようになり、多くの企業がシステムを保有しなくなる可能性が高いからである。

すでにユニクロを展開するファーストリテイリングなど、基幹系を含めてすべてのシステムをクラウド上に移管する企業が増えてきている。

実際、アマゾンやマイクロソフトのクラウドサービスを使えば、企業における大半の情報システムはクラウド上で構築できてしまう。こうしたパラダイムシフトの影響をもっとも受けるのは、企業の情報システムの構築を個別に請け負ってきたシステムインテグレーターと、サーバーなどを提供するハードウェアメーカーだろう。

多くの企業がアマゾンやマイクロソフトのクラウド上でシステム構築を望んだ場合、これまでシステム構築を請け負ってきた企業との付き合い方は大きく変わる。

もちろん、企業の情報システムが特定のクラウド事業者にシフトとしたところで、システム構築に関連する仕事がなくなるわけではない。基本的な機能を持ったモジュールをベースに個別企業ごとにカスタマイズするという仕事は引き続き存在する可能性が高く、多くの人員はこちらにシフトすることになるだろう。

ただ、システム会社はこれまでのように、システムの開発や運用について主導権を握ることが難しくなってくる。ビジネスモデルの見直しは必至だ。

ちなみに、現在の日本におけるＩＴサービス産業の市場規模は約５兆５０００億円となっている。この数字の中には、システム構築やプログラムの開発、情報処理サービスなどが含まれる。仮にこれらの３分の１がアマゾンもしくはマイクロソフト経由ということになると、金額ベースでは約１兆８０００億円分が、人数ベースでは約20万人が影響を受けることになるだろう。

ハードウェアメーカーへの影響も大きい。

アマゾンやマイクロソフトといったクラウド事業者は、最近ではサーバーメーカーから製品を購入しなくなった。パソコンの心臓部であるＭＰＵを製造するインテルや中国のプリント基板製造企業と直接交渉し、部品レベルで調達を行って自社でサーバーを組み立ててしまうからである。

しかも、クラウドの場合にはサーバーの設置場所とサービスを提供する場所が直接関係しないため、ハードウェア類は日本ではなくすべて米国で調達されてしまうという可能性もある。

日本国内では年間約55万台、金額ベースでは5000億円分のサーバーが出荷されているが、3分の1がクラウド事業者ということになると、1700億円分の売上がそのまま消滅することもあるわけだ。

すべての作業がシェアの対象に

クラウド事業者の台頭は、特定のＩＴ企業の経営に影響を与えるだけでなく、情報システムに対する社会全体の投資を究極的なまでに最適化する可能性がある。そうなってくると、マクロ経済レベルにおけるマネーの流れも変化するかもしれない。これは一体、どういうことだろうか。

サーバーがシェアされればピークの負荷を考えなくてもよい

情報システムの設計というのは意外と面倒である。

情報システムの処理能力は基本的にハードウェアの性能に依存する。最近では複数のサーバーを並列に並べて分散処理を行うので、話を単純化すれば、ハードウェアの台数が多いほど処理能力が高いと考えて差し支えない。つまり、システムに対するアクセスが多い場合にはサーバーの台数を多く、アクセスが少ない場合にはサーバーの台数を少なく設計すればよいということになる（このやり方をＩＴ業界ではスケールアウトと呼ぶ）。

ところが、現実の世界はそう単純ではない。システムに対するアクセスには大きなムラがあるからだ。

特にＥＣサイトやメディアなど消費者向けシステムの場合、ピーク時には平均アクセス数の十数倍という数字になることも珍しくない。だがシステム設計者としては、ピーク時に合わせてサーバーを用意するとかなりのコスト高になる。

一方、ピーク時の処理を犠牲にしてしまうと、せっかくＷｅｂサイトが話題となり新しい利用者がサイトを訪問しているのに処理が遅れたり、最悪の場合、サイトがダウンして機会損失となってしまう。システム設計者にとって、どの程度まで処理能力に余裕を持たせるのかは正解なき悩みといってよい。

ところがシステムをクラウドに移管してしまえば、こうした問題は一発で解決する。クラウド上にはあらかじめ無数のサーバーが用意されており、ソフトウェア上でその能力は動的に割り振られている。つまり、クリックひとつで、仮想的にサーバーの台数を増やすことなどいとも簡単にできてしまうのだ。

そうなると、定常時は20台のサーバーをクラウド上で利用する契約を結んでいるが、アクセスが集中した場合には、その時間だけ、サーバー30台分の能力を追加するといった使い方ができるようになる。ユニクロなどクラウドにシステムを移管した企業の多くが、こうしたシステムリソースの柔軟な運用に魅力を感じてクラウド利用を決断している。このままクラウドサービスが普及し、多くの企業がクラウド上でシステムを運用することになると、世の中に存在するサーバーの数は本当に必要な数にまで最適化される可能性が高い。

これまで各社は独自にシステムを構築し、ピーク時の負荷を考えて、余分な台数のサーバーを用意していた。平均的には10台のサーバーがあればアクセスを処理できるのに、わざわざ20台のサーバーを購入していたのである。

ピーク時には、すべてのサーバーがフル稼働するが、それ以外の時間はサーバーはムダに遊んでいる。これらのサーバーが皆、限定されたクラウド事業者の所に集中することになると、全体で必要なサーバーの台数は、本当に必要な分だけでよい。なぜなら、あるサイトが話題になってそのサーバーにアクセスが集中している時には、ほかのサーバーへのアクセスは確実に減っているからである。人間がネットにアクセスして閲覧する以上、一定以上のアクセスは実現できなくなる。

クラウド事業者の内部では、アクセスが少ないサイトのサーバーの処理能力を、アクセスが集中しているサイトに割り振ればよい。全体的なアクセス数の増加にさえ対応していれば、アクセス集中でサイトが見られないということも、理論的にはなくなる可能性すらあるのだ。

こうした最適化が進めば、情報システムに対する社会全体のお金の流れは大きく変わる。これまで投資という形で各社がサーバーを購入し、そこには減価償却が生じていたが、こうした投資はクラウド事業者に集中することになる。

各企業にとってみれば、ITへの支出は投資ではなく、経費ということになり、経済的にはフローの扱いになる。シェアリング・エコノミー社会では、こうした動きがあらゆる業界で発生する可能性が高い。

配達要員もシェアできる世界

IT業界と並んで、こうしたシェアリング・エコノミーの影響を大きく受けそうなのが運送業界である。

米シェアリング・エコノミー企業のウーバー・テクノロジーズは、全世界で配達業務のオープン化を進めようとしている。日本でも提携した飲食店の料理を指定した場所まで運ぶデリバリーのサービスが始まっているし、楽天も同様の配達サービスを開始した。

ウーバーが行っている配達サービスである「UberEATS」は、提携する150店舗が提供するメニューの中から好きなものを選び、指定の場所まで配達してくれるというもの。アプリでオーダーすると、画面には「準備中」「配達中」といったステータスが表示され、やがて配達員が料理を持ってくる（当初は東京都内の一部地域限定）。カード決済に対応しているので、配達員と直接お金のやり取りをする必要はなく、受け渡しはスムーズだ。

楽天のサービス「楽びん！」も同じである。

楽びん！の提携店舗数は約300となっており（2016年12月現在）、こちらも東京都内の一部地域限定となっている。地図上に配達員の動きが示されるので、今どの場所にいるのかも確認できる。

今のところサービスの普及段階なので、両社とも事業者主体で配達が行われているが、シェアリング・エコノミーの本領を発揮するのはこの先だろう。

もしこれらの配達サービスが軌道に乗れば、理屈の上では配達員を一般ユーザーなどの個人から、随時、募集できるようになる。アマゾンも同様の仕組みの構築を狙っているといわれるが、この仕組みが実現すると、これまで少数の運送事業者が独占していた地域配送ビジネスが一気に開放される可能性が出てくるのだ。

近い将来、ランチの時間帯や夕食の時間帯の光景は一変するだろう。

お昼の時間が近づいてくると、配達のアルバイトを希望する人は、スマホを眺め、自分がいる地域に近いところの配達案件を探す。自分の配達案件をエントリーすると、昼に出かけていき、料理を受け取って指定の場所まで届け、その分の代金をネット上で受け取ることになる。

副業が可能な職場や学生であれば、昼休みの時間に積極的にこうしたアルバイトをこなすことでそれなりのお小遣いを稼げるだろう。

日本のように末端への配送インフラが整っていなかった中国では、逆にこうしたシェアリング・エコノミー型の配達サービスが急成長している。先ほどまで工事現場で働いていた作業員が、昼休みになるとスマホ片手に配達員になるというのは珍しい光景ではなくなった。

もう少し遠い距離の配送も同じである。

仕事やプライベートで東京から横浜に移動する必要がある人は、やはりスマホを眺め、東京から横浜までの配送案件を探す。場所と時間帯の合う案件が見つかれば、アマゾンなど通販事業者の配送センターで荷物を受け取り、横浜までそれを持って移動。配達先に届けてから自分の用事を済ませるといった流れになる。

ＧＰＳ機能で場所は追跡できるので、労務の管理も簡単だ。荷物の配送が完了したら、自動的に代金が振り込まれることになる。

こうしたサービスをあらゆる事業者が行うようになったら、今度は、それらの配送サービスの中で自分にもっとも合致するものを選び出し、自動的にエントリーするようなアプリも登場してくるだろう。

この仕組みが社会に定着すると、これまで運送事業者が行ってきたサービスのかなりの部分が、個人に開放されてしまう。そうなると何が起こるだろうか。

最初に影響が及ぶのはやはり、運送事業者が抱えている配送要員である。彼らの多くが不要となるかもしれないし、こうした状況に運送会社がすぐに対応し、自らがこうしたシェアリング・エコノミー・ビジネスに乗り出すところも出てくるかもしれない。少なくとも従来の運送事業者の働き方は変革を迫られるはずだ。

もうひとつの影響はクラウドのケースと同様、物流施設への投資である。

これまでは、大手の運送事業者が津々浦々まで商品を配送することを前提に、各種の設備投資が行われていた。だが配送業務が無数の個人に開放されれば、こうした施設への投資や配送車両などへの支出が減少する可能性がある。先ほどのＩＴと同様、これは社会のお金の流れを大きく変化させる要因となる。

「設備投資ゼロ」経済

これまでフリマ事業者やクラウド事業者、運送事業者を例に、シェアリング・エコノミーの台頭によって何が起こるのかについて考察してきた。総合的に考えると、シェアリング・エコノミーがもたらす最大の影響は企業の設備投資ということになりそうだ。

設備投資は経済成長に重要な役割を果たしており、企業活動への影響も大きい。設備投資に関するお金の流れが変わることで、各業界の動きも変化することになる。極論を言えば、新規の設備投資がゼロという経済も実現できてしまうかもしれないのだ。

設備投資が経済成長に与える影響は大きい

シェアリング・エコノミーの台頭が企業の設備投資に与える影響について説明する前に、経済活動における設備投資の役割について整理しておきたい。

経済の規模を示すもっとも代表的な指標はＧＤＰ（国内総生産）である。ＧＤＰとは一定期間内（おもに１年間）にその国の経済で生産された付加価値の総額のことを指している。

ただし、この表現はモノ（財）やサービスを生産した側から見たものであって、モノやサービスの動きを表すひとつの側面でしかない。モノやサービスを生産した人がいるのなら、それにお金を出して買った人がいるはずであり、モノやサービスの生産に従事したことで対価をもらった人もいるはずである。

つまりＧＤＰには、お金を支出した側からの視点（支出面）、モノやサービスを生産した側からの視点（生産面）、使われたお金を労働や投資の対価としてもらう側の視点（分配面）という３つが存在することになる。

これは同じことを異なる面から見たものなので、支出面、生産面、分配面の数字はすべて一致するはずである。これを「GDPの三面等価の原則」と呼ぶ。実際、GDPを算出すると、誤差はあるものの、3つの数字はほぼ同じ値になっている。

一般的にGDPについて議論する場合には、3つの面のうちの支出面に着目することがほとんどである。

内閣府が四半期ごとに発表するGDPの数値や、マスメディアによる報道も、基本的にGDPの支出面がベースとなっている。

GDPの支出面は主に、消費（C）、投資（I）、政府支出（G）の3つで構成されている。輸出や輸入がある場合には、ここに純輸出（NX）が加わる。企業の設備投資はGDPの支出面の中の「I」に分類されることになる。

2015年度における日本の名目GDPは約500兆円だったが、このうちもっとも大きな割合を占めるのが個人消費で、金額は約290兆円となっている。つまり経済の約6割は個人の消費活動で成り立っているのだ。

一方、民間企業の設備投資は約70兆円だった。全体の割合からすると14％なので個人消費に比べれば金額は小さいが、経済に与える影響は大きい。

その理由のひとつは、数字の動きやすさである。

個人消費は規模は大きいものの、金額はそう簡単に上下変動しない。消費の中には、日々の食事や洋服など、生活の基盤となっている支出も多く含まれており、よほどのことがなければ、消費者はこうした支出を急激に増やしたり減らしたりはしない。

景気によって消費は変化するものの、その動きは緩やかなものとなる。逆に言えば、消費が急に冷え込んだりした場合は、景気がかなりひどい状況になっていると考えることもできるし、逆に消費が過剰な場合にはバブル的な状況を疑った方がよい。

一方、設備投資は企業の景況感に大きく左右されるので、上限変動が激しい。

企業は景気が拡大するという見通しが高まれば、銀行などから資金を借りて工場の設備などに資金を投じることになる。

逆に景気の見通しが厳しければ企業は設備投資を一気に絞る。このため設備投資の金額は大きく変動するのが常である。設備投資の動向は企業の景況感をよく表しているので、経済の分析においても重視されている。

(図7)主な業種における設備投資の金額(2014年)

単位:億円

製造業		非製造業	
輸送用機械	21,029	卸・小売	58,369
化学	14,179	サービス	49,912
食料品	12,835	運輸	35,097
機械	12,761	情報通信	34,836
情報通信機械	11,252	不動産	26,427
電気機械	8,410	電力	23,034
鉄鋼	7,419	建設	20,412
金属製品	6,169	物品賃貸	19,360
石油・石炭	1,922	金融・保険	19,088
	製造業計:120,219		非製造業計:297,097
			総計:417,316

出典:法人企業統計より筆者作成

もうひとつの理由は、設備投資は、今の経済だけでなく将来の経済にも影響を与えるからである。

ある年度に設備投資として企業が支出した金額は、その年度のGDPに加算される。その点では個人消費と基本的に何も変わらない。大きな違いはその後である。個人消費は、一過性の消費に過ぎないが、設備投資は将来の経済にも影響を与えるのだ。設備投資によって購入された機械や設備は、翌年以降の生産活動にも活用される。つまり設備投資は将来の経済成長の原資になる。

専門家が設備投資の動向を気にするの

は、今期の数字に対する影響が大きいことに加え、来期以降の成長にも大きな影響を及ぼすからである。

設備投資金額のカラクリ

先ほど、日本のGDPの中で投資が占める割合は14％であると説明した。これは金額にすると約70兆円ということになる。

GDP統計における設備投資はかなり範囲を広く捉えているので、実際に企業が設備投資として認識している支出はもう少し小さくなる。法人企業統計では年間約40兆円が設備投資として支出されている。

業種によって金額は様々だが、設備全体における割合が高いのは、圧倒的に非製造業で、その中でも卸・小売、各種サービス、運輸、情報通信、不動産といった業種の金額が大きい。日本は製造業の国というイメージがあるが、それはもはや過去の姿であり、経済活動に占める非製造業の割合はかなり高いというのが現実だ。

先ほど、シェアリング・エコノミーの影響が大きい業種として、ITを例に挙げた。I

Tの業界がクラウド化すると具体的には設備投資にどのような影響が生じるだろうか。

日本では、毎年、約４０００億円から４５００億円程度がソフトウェアに投資されている。もしこれらがクラウドへシフトした場合、お金の流れが変化する。

その理由は、企業ごとに個別にシステムを構築することがなくなり、クラウド事業者があらかじめ準備したコンポーネント（構成要素）をベースに、最小限のカスタマイズが行われる可能性が高いからだ。この場合、お金は毎年の利用料としてクラウド事業者に支払われることになるだろう。

企業会計的には、設備投資という項目での支出はなくなり、これが複数年度にわたって消費という費目に切り替えられる。ソフトウェアの設備投資のうち3分の1がクラウドに切り替わり、これが5年間の利用料というフローに変わると仮定すると、最初の年は１２００億円程度ＧＤＰが減少する計算だ。

またクラウド事業者に集中することで、日本におけるサーバーの投資が激減する可能性についても指摘した。先ほど例に挙げたように3分の1のサーバーが米国経由になってしまうと、日本の設備投資は１７００億円分減少する可能性がある。

両者を合計すると、ＩＴ業界だけで２９００億円の設備投資が消滅してしまう。ソフトウェアの利用については、クラウドの利用が当たり前となる頃には、この支出は平準化され、毎年の消費の中に紛れ込んでくるだろう。だが最初のうちは、経済全体にマイナスの影響を及ぼす可能性が高い。

情報通信分野における設備投資の金額は約３・５兆円だが、最大で２９００億円の減少があり得るということになると、ＩＴ業界全体では８・３％の減少という計算になる。

ＡＩエコノミーとシェアリング・エコノミーはリンクしている

こうした動きは、本章の冒頭で解説したような中古品売買市場が拡大することで、さらに本格化してくる。そしてＡＩがもたらす影響と相乗効果を発揮するかもしれない。

ノーベル賞経済学者・スティグリッツ教授も指摘

フリマアプリの台頭など、中古品売買市場が拡大することについては、悲観的な見解を持つ識者も多い。確かに世の中が中古品ばかりになると、産業や経済にとって不都合なことは多い。

最大の問題は、中古品の売買がＧＤＰの数字にカウントされないことである。中古品の売買は新たに付加価値を創造したわけではないのでＧＤＰの定義には合致しない。売買を仲介した際の手数料は、新しい付加価値なのでＧＤＰにカウントされるが、商品そのものは所有権の移転にしかならないのだ。

このため、いくら中古品売買を繰り返してもＧＤＰはまったく伸びないことになる。中古市場がこれまでにない規模に拡大した場合は、実際のモノとお金の流れに対してＧＤＰの数字が乖離《かいり》してくる可能性がある。また、中古品が有効活用されるようになれば、先ほどのサーバーをシェアする話と同様、マクロ的に見て設備投資が抑制されることが考えられる。

これまでは、製造されたモノの多くは再利用されず捨てられることが大前提であった。商品を大量生産して大量廃棄することが当たり前であり、そのための設備投資が経済を支えていたのである。しかし、シェアリング・エコノミーの発達によってモノの再利用が最適化されると、実際に世の中に必要な数のモノさえ生産されれば、それで十分ということになる。同じ経済を維持するために必要となる設備投資の金額が小さくなり、経済が一気にしぼんでしまうリスクが出てくるのだ。これはサーバーをシェアしたことで設備投資が効率化されるといった影響をはるかに上回るものになるだろう。

これについては経済学の世界でも徐々に議論されはじめている。

リベラル系の経済学者で、安倍首相に消費増税の延期を提言したことでも知られるジョセフ・スティグリッツ教授は、来日時に興味深い指摘を行っている。

スティグリッツ氏によると、これからやってくる新しい時代においては、以前ほど資本集約的ではなくなり、社会全体で必要な投資額は減少する可能性があるというのだ。これはシェアリング・エコノミーのことを指していると考えられる。

このところ全世界的に低金利傾向が続いているが、これは世界経済の先行きに対する不透明感が主な要因といわれる。

だが、もしかすると一連の市場の動きは、シェアリング・エコノミーの到来によって、設備投資があまり増えないことを徐々に織り込みはじめているのかもしれないのだ。もしその動きがホンモノだとすれば、経済政策そのものについても再考が必要となってくる。以前の社会ほどモノが必要とされなくなれば、その生産に従事している人の仕事がなくなり、その生産設備を提供する仕事も減少する。これが負のスパイラルを引き起こしてしまうと経済全体が縮小してしまうリスクがある。

これは、ＡＩの導入によって労働に対するニーズが減少し、職を失う可能性がある人が増えてくるという話と基本的には同じ文脈である。

こうした状況を前に、一部の専門家は顔を曇らせているわけだが、筆者はシェアリング・エコノミーの台頭についてまったく悲観していない。なぜなら、中古市場の拡大によって経済に余力が生まれ、これが新しい需要の創造や、供給の拡大につながると考えているからである。

そもそも日本は、先進諸外国と比べて中古市場が脆弱《ぜいじゃく》である。

日本は世界でも有数の自動車大国だが、中古車市場は思いのほか小さい。日本の中古車市場は約２・２兆円の規模があるといわれるが、国土交通省の調べによると、米国の中古車市場は33兆円と推定される。米国の人口は日本の２・５倍なので、人口比を考慮に入れても、米国の中古車市場は日本の6倍もある計算だ。

住宅も同じような状況となっている。２０１１年における米国の住宅流通市場規模（新築＋中古）は、件数ベースで年間５５３万戸であった。これに対して日本の市場は１２７万戸しかなかった。こちらも人口比を考慮に入れると、米国の市場は日本の2倍近くの大きさということになる。

ここで大事なのは中古住宅の割合である。

日本は住宅流通のうち9割が新築で、中古はわずか1割しかない。これに対して米国の住宅流通の9割は中古である。これは英国などでも同様だ。日本の住宅は質が悪く、長持ちしないという特徴を考慮に入れても、日本は新築に偏っている。中古住宅に絞れば、米国の相対的市場規模は日本の11倍以上にもなる。

では、中古車や中古住宅の取引が活発な米国では、自動車や住宅の市場が冷え込んでいるのかといえば、そんなことはない。むしろその逆である。

中古市場が活性化していることで、住宅の資産価値が維持され、金融システムの維持・拡大に寄与している。また、消費者が住宅そのものにかけるコストが安く済み、その分、断熱やインテリアなど、住宅の質を高める産業分野にたくさんのお金が回っている。結果的に経済全体を活性化しているのだ。

米国における自動車や住宅の状況を見れば分かるように、中古市場の発達は、最終的には市場を拡大させる効果を持っている。シェアリング・エコノミーの台頭によって一時的には需要の減少という事態に直面するかもしれないが、そこで生まれた余力をほかに生かすことができれば、経済は縮小しない。

消費経済にシフトすれば怖くない

もっとも、シェアリング・エコノミーの台頭を、こうしたプラスの作用に転換するためには、ちょっとした工夫が必要となるだろう。特に日本の場合に重要なのは、消費型経済へのスムーズな移行である。

本書では、日本のＧＤＰにおける消費の割合は６割程度であると説明した。一般に、これから経済を拡大させていく新興国はＧＤＰに占める消費の割合が低く、設備投資の割合が高いという特徴がある。開発途上国型経済の典型であった中国は、消費の割合は４割しかない。

一方、すでに成熟した先進国は消費の割合が高くなる傾向があり、米国はＧＤＰの７割が消費で占められている。設備投資に頼らず、消費者の支出によって経済を回す構造が出来上がっていれば、ＡＩの普及やシェアリング・エコノミーの台頭によって設備投資が減少する影響を最小限にとどめることができる。そればかりでなく、これらの影響をプラスに転換することも可能となるかもしれない。

消費主導で経済を回すためには、サービス業での付加価値が重要となる。

サービス業において付加価値を向上させるためには、形のないものにいかに価値を付与するのかというアイデアが重要だ。こうしたアイデア型のビジネスは、米国などと比べるとまだまだだが、工業一辺倒のアジア域内で比較すれば、日本の水準は突出している。

エンタメ系のコンテンツやネットを使ったサービスなど、アイデアにうまく付加価値をつけることができれば、消費経済は回りはじめる。

ひとたび消費経済が動きはじめれば、それに付随して、人間にしかできないサービス市場も確実に増加してくるだろう。いくらＡＩが社会に普及したとしても、人とのコミュニケーションにお金を払う人はいなくならないからである。

サービス市場が従来と同じままで、ＡＩやロボットが入ってくると、失業につながってしまうかもしれないが、余った人材が、新しい市場に投入されるのであれば、構造的に失業問題は発生しないはずだ。

第4章

IoTで製造業がなくなり、すべてがサービス業化する

ＩｏＴはすでに始まっている

これまでＩｏＴ（モノのインターネット）の分野は話題ばかりが先行し、具体的な姿が見えにくかった。しかし、各社が具体的な製品やサービスを投入する段階に入ってきたことで、徐々にその輪郭がはっきりしつつある。

一部の業種では本格的な製品やサービスの導入が始まっていることを考えると、社会への普及は今後、急速に進むかもしれない。

ＩｏＴが「現代の産業革命」と呼ばれる理由

ＩｏＴとは、産業用や民生用の機器類にセンサーや制御装置を搭載し、これらをインターネットで相互接続することで、高度なサービスを顧客に提供しようという新しい概念である。

この定義だけでは、抽象的でなかなかイメージしにくいが、あらゆる機器類がネットにつながり、相互に会話することで、機器としての機能が高まると考えればよい。

メディアなどでは、冷蔵庫や電動歯ブラシなどすべてがネットにつながり、生活が一変するといった解説が行われている。確かにこういった話はあながちウソではなく、実際に身の回りのあらゆる機器は近い将来、確実に相互接続されてくるだろう。

冷蔵庫の中にどのような食材があるのか、クラウド上にあるＡＩ（人工知能）が検知し、牛乳がなくなる前にスマホに通知したり、そのままアマゾンなどのネット通販で注文ができるといったサービスが想定される。

また、電動歯ブラシの電池が切れる前に電池を注文する、あるいは故障を検知してスマホに知らせるといったサービスも容易に実現するだろう。

背後で動いている人工知能が高度化すれば、パーソナル・アシスタント機能も実現できるかもしれない。うまくいけば洋服などにもセンサーを入れることができるので、発汗や体温などの情報から体調管理のサービスを提供したり、最終的には医療サービスと連携し、病気になりにくい生活を全面的にサポートすることも可能だろう。

ただ、この水準までサービスが発達するまでには少し時間がかかる。

もう少し短い時間軸で考えた場合、ＩｏＴがもたらす影響は消費者向け市場ではなく、むしろ産業向け市場で顕在化する。特に製造業への影響は甚大であり、ＩｏＴの普及によって世界の製造業の序列が激変する可能性がある。

多くの人は、こちらの影響によってＩｏＴの普及を知ることになるかもしれない。ちなみにＩｏＴが製造業の分野に導入されると、従来の製造業の概念が一変することから、一部では「現代の産業革命」とまでいわれている。

先ほど説明したように、ＩｏＴとはあらゆる機器類をネットで相互接続するという概念だが、これが産業機器の世界に入り込むとどのようなことが起こるのだろうか。

身近な産業機器であるエレベーターを例にとって考えてみよう。

一般的なビルのエレベーターは2万点ほどの部品で構成されている。エレベーター全体が問題なく動作するためには、2万点の部品がすべて問題なく動作する必要がある。従来の製造業では、個々の部品の信頼性を高めることで、全体の信頼性を担保するという考え方が用いられていた。

これに加えて重要な概念は定期メンテナンスである。いくら信頼性の高い部品を投入しても、日々、機器を動作させていれば部品は劣化が進む。どの程度の期間、所定の性能を出せるのか事前にテストを行い、定期的に点検・保守を行って部品を交換していくことで、安全な動作を保証していたわけである。もし不具合が発生した場合には、原因を特定し、対策を施すことで再発を防ぐという流れになる。

だがＩｏＴの時代になると状況は大きく変わってくる。すべての部品がネットに接続され、その動作状況がリアルタイムでクラウド上のサーバーに伝達されるからだ。サーバー上ではＡＩが稼働しており、データを解析することで、装置にどのような不具合が発生しているのか、あるいは、今後、どのような不具合が発生しそうなのかを予測するようになる。そうなってくると、実際にトラブルが発生する前に、該当部品を交換することが可能となり、機器の稼働率や信頼性が大幅に向上するのだ。

製造業の世界的企業であるＧＥ（ゼネラル・エレクトリック）では、こうした技術を使って装置の稼働効率を１％向上させただけでも、同社の顧客は２００億ドル（約２兆円）もの利益を得ることができると試算している。

このような時代において製造業は、単純に製品を顧客に納入するだけではなく、機器の製造から運用まですべてを請け負うサービス業のような存在になってくるだろう。単純によい製品を作っていれば顧客が買ってくれるという概念は消滅する可能性が高い。提供する製品の質がよいことはもちろんだが、ＩＴを駆使した総合的なサービス力がなければ、新しい時代に対応することは難しい。

この変化は、製造業が始まって以来のものであり、業界の秩序がすべてひっくり返るほどのインパクトをもたらす可能性がある。各社が必死になってＩｏＴへの対応を進めていることにはこうした背景がある。では、ＩｏＴを用いた製造業の新しい姿とはどのようなものなのだろうか。いくつかの事例を紹介したい。

IoTの分野で先行するGEとシーメンス

先ほど引き合いに出したＧＥは、ＩｏＴの分野ではもっとも先行している企業のひとつである。ＧＥは火力発電所のタービンや航空機のエンジンで高いシェアを持っているのだが、同社が顧客に納入したジェットエンジンや蒸気タービンなどにはすでに、ネットに接続された多数のセンサーが搭載されている。同社は１日あたり５０００万件のデータをクラウド上で処理しており、顧客に対して省エネや運転効率の最適化を提言している。たとえば、アジアのＬＣＣ（格安航空会社）であるエアアジアのケースでは、ジェットエンジンの運用改善によって、２０１４年には１０００万ドルの燃料費削減に成功。２０１７年には３０００万ドルの削減を見込んでいるという。

ＧＥのこうしたサービスは日本でも使われはじめている。

東京電力の火力発電事業会社である東京電力フュエル＆パワーは２０１６年9月、富津《ふっつ》火力発電所にＧＥのＩｏＴシステムを導入すると発表している。設備に取り付けたセンサーが収集したデータをシステムが分析し、発電効率を向上させるという。ＩｏＴのサービスは外からは見えないところで着々と導入が進んでいるのだ。

欧州でも同様の動きが広がっている。中心となっているのは、ＧＥのライバルであり、欧州ではトップの総合メーカーであるシーメンスと、ＩＴ企業のＳＡＰである。

イタリア最大の鉄道会社であるトレニタリア（Trenitalia）は、5年がかりでＩｏＴを使った新しいメンテナンスシステムを導入することを決定した。

このシステムを提供しているのはシーメンスとＳＡＰである。

トレニタリアが運用する車両に搭載される部品にセンサーを取り付け、温度や圧力といった諸データをクラウドに送信する。センサーの数は500から1000にのぼり、1秒間に5000ものデータが生成されるという。これをクラウドに実装したシステムが高速処理し、機器の状態を常にチェックする。

どの鉄道会社も同じだが、現状では常にスペアの部品を用意し、定期的にメンテナンスを行うことで車両の安全性を確保している。同社は、ＩｏＴの導入によって、最終的には定期メンテナンスから脱却し、随時必要なメンテナンスを行う体制に移行したいと考えている。

こうした体制が実現できれば、年間のメンテナンスコストを最大で10％削減できる可能性があるという。また、スペアの部品コストやそれに関連する人件費も削減できるので、全社的にはさらに大きなメリットが得られるという。

トレニタリアにＩｏＴのシステムを提供するシーメンスは、日本市場にも攻勢をかけている。神戸製鋼所が運営する栃木県真岡《もおか》市の発電プラントでは、事前の予想を覆し、日本メーカーではなくシーメンスの製品が採用されたのだが、決め手となったのはＩｏＴを活用した長期的な運用サービスの提供であった。

ＩｏＴの導入は鉄道やプラントなど大きな分野だけではない。

２０１６年９月には、日本マイクロソフトと家電大手のアクアが、コインランドリーへのＩｏＴ活用について提携すると発表した。

アクアはコインランドリー向けの業務用洗濯機を製造しており、国内の約１２００店舗で約１万６０００台の洗濯機を稼働させている。

洗濯機に搭載したセンサーから取得する稼働情報をマイクロソフトが管理するクラウドに送信し、利用状況をより詳細に監視する。機械学習を用いて故障予測の精度を向上させるとともに、システムを開放して多業種との連携を目指すとしている。

ちなみに、先ほどのシーメンスもマイクロソフトのクラウドサービスとの連携を発表しており、クラウド上でＩｏＴシステムを完結させる環境が整っている。

ＩｏＴは階層構造で考える

ここまで紹介した事例はあくまでＩｏＴ活用のひとつの側面でしかないが、ＩｏＴがどのような形で社会に入り込んでくるのかを示す好例といってよいだろう。

この動きを産業界全体に拡張した場合、ビジネスへの影響はどのような形になるのだろうか。これについては、階層構造（レイヤー）で考えるのがもっとも適切である。

IoTビジネスを形成する5つのレイヤー

ＩｏＴは様々な要素が複雑に絡み合って成立しているので、単体のビジネスとして捉えることは適切ではない。ＩｏＴのビジネスは階層構造で考えるのがよいだろう。筆者は、ＩｏＴのビジネスについて、主に5つのレイヤーに分けて考えている（図8）。これは従来のＩＴビジネスに対する考え方と基本的に同じである。それぞれのレイヤーがどのような役割を持ち、どのレイヤーの付加価値が最大になるのかについて分析することができれ

（図8）IoTビジネス5つの階層構造

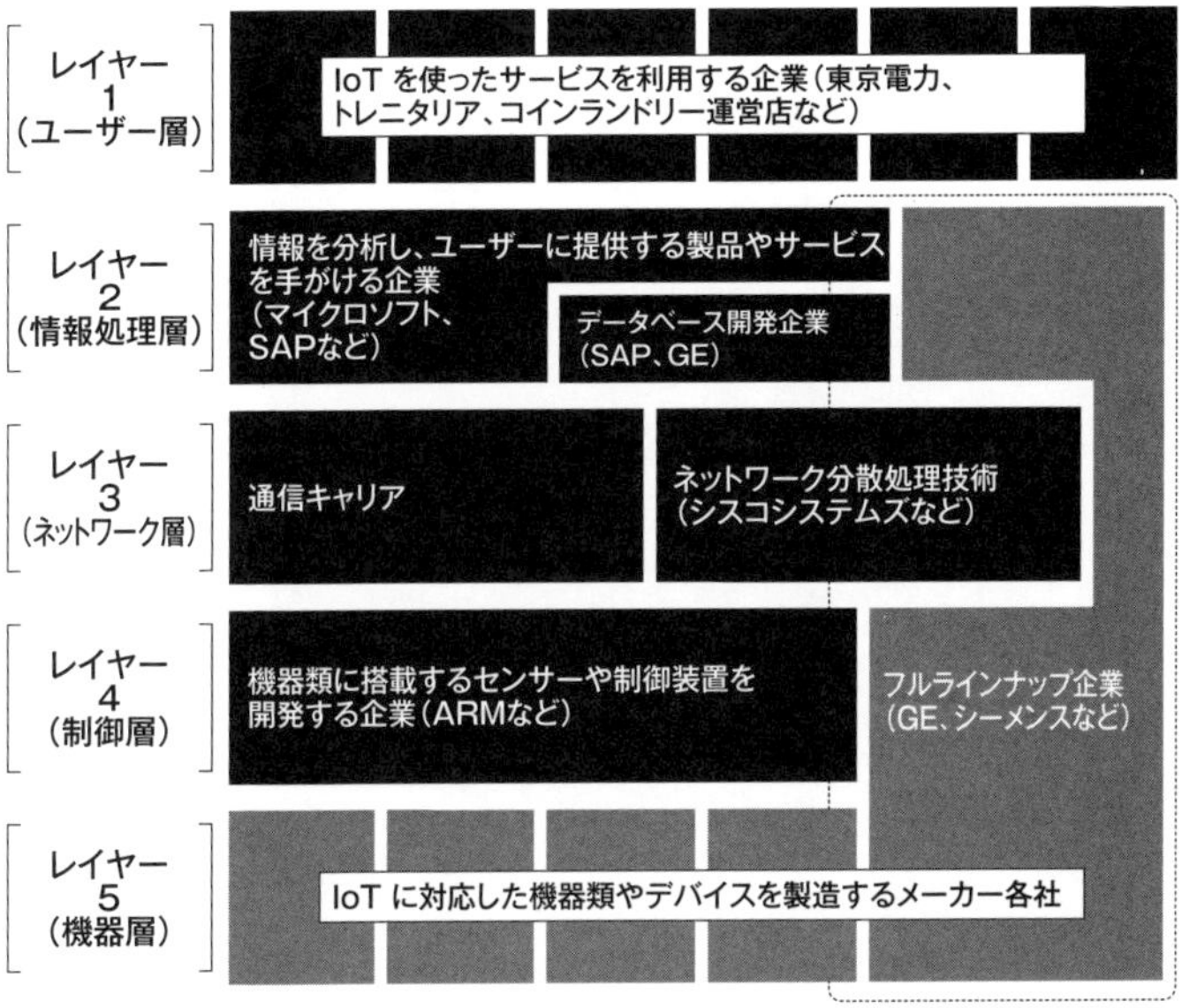

出典:各種資料をもとに筆者作成

ば、おおよその業界秩序は見えてくるはずだ。

　この5つのレイヤーのうち、最上位となるのはＩｏＴのユーザー企業である。

　具体的にはＩｏＴの機能を搭載した製品やサービスを購入し、利用する側の企業のことを指している。先ほどの例ではトレニタリア、東京電力、コインランドリーのオーナーということになる。ポイントとなるのは、ＩｏＴの活用でどれだけ生産性を向上できるかという部分だろう。

ＩｏＴの導入でメンテナンスコストや設備投資の総額を抑制することができれば、それはそのまま企業の利益増大につながる。また、ＩｏＴの導入で得られた利益を新しいサービスの開発につぎ込むこともできるだろう。もう一歩、考え方を進めれば、ＩｏＴを使ってより積極的な顧客サービスを展開することも可能になってくるはずだ。

この話も、実はＡＩの導入やシェアリング・エコノミーの台頭によってもたらされる影響と同種のものである。これまでムダに、そしてバラバラに導入されていた産業用機器が、ＩｏＴ事業者によって統合化・最適化され、そこに経済的余力が発生する。その余力をどう生かすかは、企業の経営方針次第であり、人が余って大変だと考えるのか、新しいサービスを展開するための原資ができたと考えるのかで、その後の展開は変わってくる。

次のレイヤーは、各機器から集められた情報を分析し、ユーザー企業が認識できる形で提供する製品やサービスである。

製造業がよりサービス業に近い存在になることを考えると、クラウドに集められた情報を適切に処理し、利用者に分かりやすい形で提供できるソフトウェアが重要な役割を果たす可能性が高い。これによって利用者はムダがどこにあるのかといった情報を得ることができ、それが最終的な差別化要因となってくるのだ。

このレイヤーにおいてもっとも有力な存在となり得るのが、ＧＥのプレディックスやシーメンスのマインドスフィアといった総合的なＩｏＴシステム基盤である。この部分を握った企業は５つの階層のあらゆる企業に対して影響力を行使し、業界をリードすることが可能となる。後述するが、ＩｏＴの情報処理や分析を担うシステム基盤のカギとなるのはデータベースである。有力なデータベース技術を持った企業が、プラットフォームの構築においても有利な立場になる可能性が高いだろう。

３番目は、機器からクラウドにデータを送信するネットワークの階層である。このレイヤーは、単純に通信会社が担うと思われがちだが、そうではない。後ほど説明するが、ＩｏＴ時代には各デバイスから膨大な量のデータがネット経由で送信される。このため、従来のネットワークに単純にデータを流し、クラウドで集中処理していたのではとても間に合わない。

ＩｏＴが普及すればするほど、ビジネス・ドメイン（企業単位や製品単位）ごとにネットワーク上でデータを分散処理し、効率よくデータをクラウドに送る仕組みが必要となる。ネットワーク層ではこうした技術を持つ企業が力を持つ可能性がある。

さらに下のレイヤーになると、いよいよ機器やデバイスといった物理的な部分が関係してくる。

4番目のレイヤーは、機器に搭載したセンサーの情報をクラウドに向けて送信したり、逆にクラウドから受け取ったデータをもとに機器の動作を制御するという役割を担う。センサーを内蔵したデバイスやそれを制御するチップなどが具体的な製品である。ソフトバンクが買収したＡＲＭはまさにこの部分で高いシェアを握る可能性が高い。また、日本の部品メーカーにとっても活躍する余地が大きい分野といってよいだろう。

ただし、ＩｏＴの世界ではさらに下に位置する機器類も重要である。エレベーターや航空機エンジンに組み込まれた各部品は、ＩｏＴビジネスの隠れた主役である。5番目の階層は既存のメーカーが圧倒的に強みを発揮することになる。

ＩｏＴは基本的にオープンな仕様が想定されているので、ＩＴ業界でよく見られるような、いわゆる水平分業的な産業構造になる可能性が高いと考えられる。だが、ＩｏＴには特有の事情があり、従来のＩＴ業界のように、シンプルな水平分業という形にはならないかもしれない。

水平分業と垂直分業のハイブリッドがベストか

シンプルな水平分業の場合、それぞれのレイヤーごとに企業が競争し、レイヤーごとに一定の寡占状態が出現するというパターンになる。

たとえば、パソコンの世界では、基本ソフト（ＯＳ）はマイクロソフトが、ＭＰＵはインテルがほぼ独占、ハードディスクは何度もの再編を経てウェスタンデジタルのシェアが高くなった。こうした寡占状態のビジネスに対して新規の事業者が挑戦するメリットは少ないので、一度シェアを握った企業は当分の間、その地位を守ることができる。

ＩｏＴも同じような姿になるのだとすると、この産業構造の中で重要なポジションを維持するためには、いずれかのレイヤーにおいて高いシェアを握ることが重要となる。

ただし純粋な従来型ＩＴ産業とは異なり、ＩｏＴの場合、下のレイヤーである機器類の重要性は極めて高い。ＧＥやシーメンスといった大手メーカーは、従来の得意分野である産業機器から入り、上のレイヤーまでを包括する一種の垂直統合戦略も考えているはずだ。ＩｏＴの業界は垂直統合と水平統合が混在するという少し複雑な形となるだろう。

一方、ＡＲＭのような企業は、４番目の階層で一気に寡占状態を狙いに行くだろう。ＧＥやシーメンスはこの部分をＡＲＭに取られても大きな影響はないので、むしろ両社は協業できる関係かもしれない。

全体的なレベルで競争力のカギを握るのは、先ほども説明したように、おそらく２番目のレイヤーになると考えられる。２番目のレイヤーは、基礎的な情報処理を行うレイヤーと、ビジネス向けに再構築するレイヤーに細分化される可能性が高い。

基礎的な情報処理を行うレイヤーには、専用データベースの開発や運用が含まれることになるが、このデータベース部分がもっとも重要な役割を果たすことになるだろう。

おそらく、ＧＥやシーメンスといった企業は、５番目の機器類と、２番目のソフトウェアを武器に、フルラインナップ型の垂直統合モデルを模索することになる。そして、ソフトウェア基盤の一部を競合にも開放することで、水平統合モデルのメリットも享受するという戦略を描く可能性が高い。

ＩｏＴのカギを握るのはデータベース

ＩｏＴの階層構造の中でデータベースが競争のカギを握る可能性が高いのは、ＩｏＴの普及によってシステムが処理しなければならないデータ量がケタ違いに増加してくるからである。

これらのデータを効率よく処理し、メーカーのサービスレベルの向上につなげるためにはデータベースの能力がモノを言うことになる。

今後ネットに接続されるＩｏＴデバイスの数は急増する

ネットワーク機器を製造するシスコシステムズは、２０１５年から5年間で、全世界のＩＰトラフィックの量は約２・７倍に拡大し、２０２０年には全世界で１２２億個のＩｏＴデバイスがネットに接続されると予測している（図９）。

これは全世界に存在するネット接続機器の約半分という数字である。

（図9）ネットに接続されるIoTデバイスは急増する

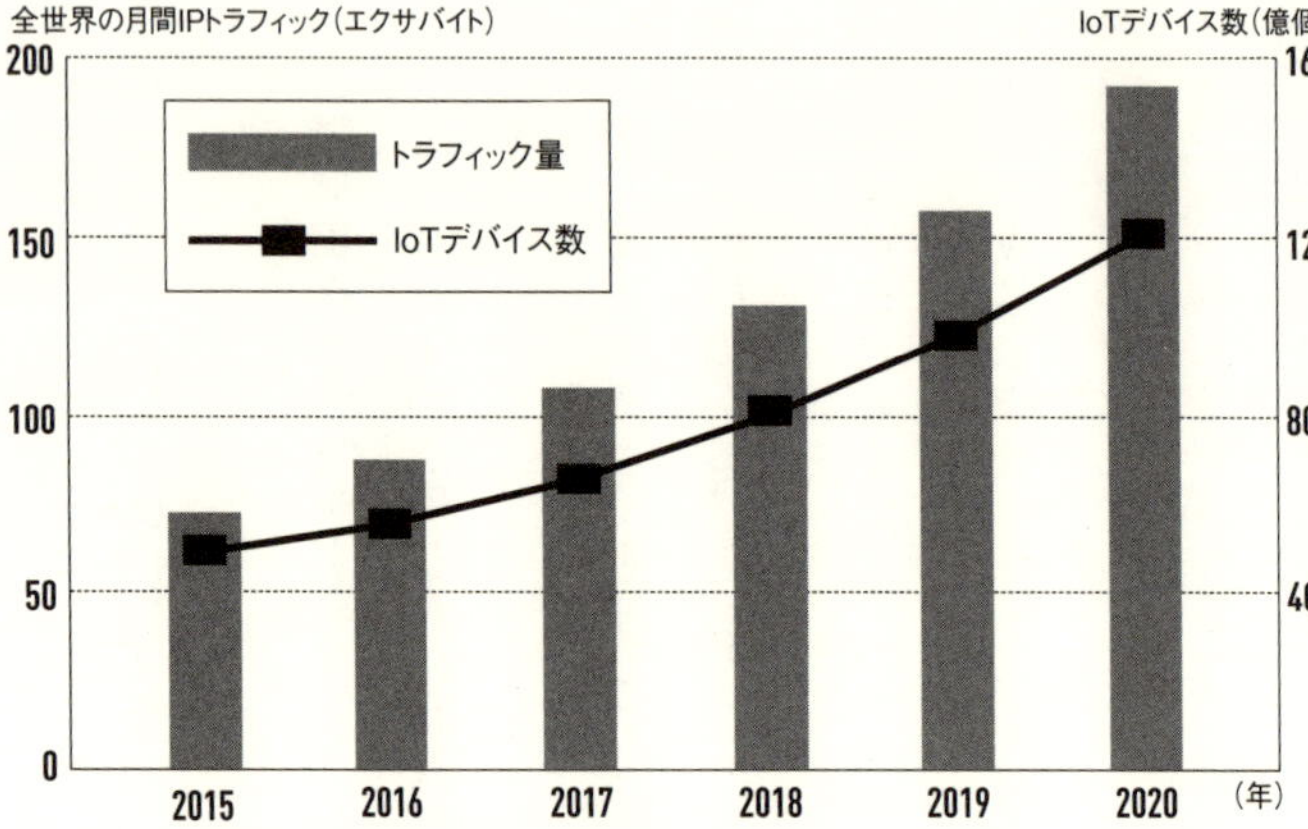

出典：シスコシステムズをもとに筆者作成（一部推定）

ちなみに２０１５年時点では、全世界で１６３億台のデバイスがネットに接続されている。これらはＩｏＴとは関係ないデバイス、つまりスマホやパソコンなど既存のＩＴ機器である。つまり、今現在、ネットにつながっている機器に加え、それと同じくらいの数のＩｏＴデバイスが今後数年でネットにつながるということになる。

しかもＩｏＴの場合、システムへの負荷は極めて大きなものとなる可能性が高い。ネット上でＷｅｂサイトを閲覧したり、画像をダウンロードするといった使い方であれば、閲覧側はその情報を表示するだけなので、それほど大きな負荷にはならない。データを提供するサーバーには負荷がかかるが、同一処理なので対策は取りやすかった。

しかしＩｏＴの場合には世界に散らばる無数の機器から大量のデータがサーバーに送信され、サーバー側はリアルタイムに近いスピードでこれを処理する必要が出てくる。

そうなってくると、クラウド上にあるデータベース・システムには極めて大きな負荷がかかることになる。データを活用できなければ顧客に有益な情報を提供することはできないため、高い処理能力を持ったデータベースを開発できる企業は、極めて有利な立ち位置になる可能性が高いのだ。

これまでデータベース・システムの主役は何十年にもわたって、リレーショナル・データベース（ＲＤＢ）と呼ばれる方式だった。ＲＤＢとは、データをエクセルの表のような形（行と列）で管理するというもので、企業情報システムにおけるデータ管理に最適だったため広く普及した。現在では、データベースといえばこのＲＤＢ方式を指すことがほとんどである。

ＲＤＢ方式のデータベースとしては、米オラクル社の「Oracle」や、米マイクロソフト社の「SQL Server」といった製品が有名であり、市場はこれらの寡占状態である。

ところがIoTにおける情報処理はオフィスの情報処理とはかなり趣が異なっている。機器に搭載された無数のデバイスの状況は常に変化しているため、データベースもそれに随時対応していかなければならない。

ある部品でトラブルが発生する予兆を検知した場合、関連しそうな部品を無数の対象の中から抽出し、稼働情報を分析するといった気の遠くなる作業も必要となる。

RDBは、あらかじめ形式の決まった大量のデータから検索や抽出を行う作業には向いているが、こうした無数のデバイス同士の関係性を、状況に応じて分析するといった処理には適していない。

GEとSAPの好対照な取り組み

GEが開発したIoTシステム基盤であるプレディックスには、グラフ型データベースという新しい概念が用いられており、こうした処理を高速に実現できる。

グラフ型データベースは、フェイスブックといったSNS企業では、知り合いを探し出す機能などですでに実用化されているが、ＧＥは同じような概念を工業用途に使えるよう工夫を重ねた。

ＧＥは、このソフトウェアの開発になんと10億ドルもの資金を投じており、同社が提供しているＩｏＴサービスにはこのソフトウェア基盤が用いられている。これは、データベースを含むソフトウェア基盤がいかに重要であるかを物語っている。

ドイツのＩＴ企業であるＳＡＰも、ＩｏＴ時代をにらみ、処理を高速化した新しいデータベースである「ＳＡＰ ＨＡＮＡ」を開発した。

ＨＡＮＡにはインメモリ・データベースという新しい技術が採用されている。

これは従来、ハードディスク上に格納していたデータをメモリ上に移すことで、超高速処理を実現するというものである。

ハードディスクとメモリでは、データの読み出し速度が場合によっては１００万倍近くの差になる。データを書き込む場合にはディスクへのアクセスが必要となるが、読み出して分析するといった作業であれば、メモリを使うことで、10万倍程度の速さで処理できるケースがあるという。現実には高速処理の対象となる処理とそうでない処理の組み合わせになるのでトータルの処理速度はもう少し遅いと考えられるが、それでも従来のデータベースと比較して、はるかに高速で動作することは間違いない。

GEとSAPの取り組みは非常に好対照で興味深い。

GEのスタンスは、まったく新しいアーキテクチャ（設計方式）を導入し、データベースの処理能力を根本から変えようとしている。非常に野心的であり、成功した場合のメリットは極めて大きなものとなるだろう。

だが、新しいデータベースのアーキテクチャを導入するということは、従来のデータベースで得られた経験値を捨てることも意味しており、相応のリスクを伴うことになる。

一方、SAPのHANAは革新的な技術ではあるが、従来のアーキテクチャの領域からは逸脱していない。既存技術の延長で出来上がったものであり、その分、信頼性は高いだろう。だが、処理量がさらに増加し、既存の枠組みでは対処できなくなる可能性は残る。

最終的にどちらの取り組みが花開くのかは、現時点では分からない。

GEのグラフ型データベースは、各機器に搭載されるデバイスの管理やリアルタイムのデータ処理に強く、SAPのHANAは、得られた大量のデータを加工したり企業の基幹システムと組み合わせるといった、利用者に近い部分において強みを発揮しそうだ。場合によってはうまい棲《す》み分けも可能となるかもしれない。

いずれにせよ、高性能なデータベースが存在することで初めて、付加価値の高い情報サービスを顧客に提供できる。ＧＥとＳＡＰ・シーメンス連合はＩｏＴビジネスにおいて、重要な立ち位置を占めることはほぼ間違いないだろう。

ちなみに各社はこのところ、企業向けソフトウェアの開発を行う企業を立て続けに買収している。これは、ＩｏＴシステム基盤の基本部分はほぼ確立したので、利用者側に近い応用製品の拡充に乗り出したことを意味している。この分野の第一段階の競争は最終局面を迎えているのかもしれない。

おそらく２０１７年の後半あたりから、各社の取り組みは、具体的な成果として目に見える形になってくるだろう。

ＩｏＴで産業界はどうなる？

現在、ＩｏＴの業界では、標準化の動きが急速に進んでいる。従来のＩＴ業界がそうであったように、オープンな水平分業である限り、仕様の標準化競争を避けて通ることはできない。

ドイツ勢と米国勢が手を結んだ

これまでＩｏＴにおける標準化をリードしてきたのは主にドイツ勢と米国勢であった。ドイツは２０１３年４月、シーメンス、ボッシュ（自動車部品メーカー）、ＳＡＰなどが参画して「プラットフォーム・インダストリー４・０」を設立。技術仕様の標準化に乗り出した。ドイツの場合には、政府もこの動きを強く後押ししており、まさに国をあげての対応となっている。

一方、米国はＧＥやＩＢＭなどが中心となって２０１４年３月に「インダストリアル・

インターネット・コンソーシアム（ＩＩＣ）」を設立し、標準化作業を開始した。米国ではこれと平行して２０１５年11月、シスコシステムズ、マイクロソフトなどが「オープンフォグ・コンソーシアム」を結成し、データの分散処理を柔軟に行うための仕様策定に乗り出している。

ドイツのインダストリー４・０は、工場など製造現場における技術仕様という色彩が濃く、米国のＩＩＣは、機器に搭載するデバイスの標準化に力点が置かれている。両団体は独自に標準化作業を行っていたが、２０１６年３月には相互の連携について合意。ドイツと米国というＩｏＴの２大勢力が事実上の統合に向けて動き出した。

今後はドイツと米国で仕様のすり合わせが進み、最終的な国際標準仕様が確立する可能性が高い。また、オープンフォグ・コンソーシアムは、他の2団体の成果を補完する内容なので、最終的にはこちらの仕様も国際標準に組み込まれるだろう。

日本勢はこれまでＩｏＴへの取り組みが遅れていたが、ここに来てようやく具体的な動きが見えてきた。ＩｏＴに関する共同研究を行っている産学官の協議会「ＩｏＴ推進コンソーシアム」は、米国の共同研究組織と相互協力する方針を固め、２０１６年10月に米国側と正式に覚書を交わしたのである。

国際的な流れがほぼ固まった状況にあることを考えると、米国勢に合流するというのは現実的な選択だろう。ただ、これはGEやシーメンスが策定する仕様が標準化において有利になることも意味しており、日本勢にとっては微妙だ。

IoTで後発メーカーの利益は減少する

こうした状況を受けて、産業界ではどのような動きが出てくるだろうか。

IoTがもたらす影響については、顧客をどう獲得していくのかという営業面の話と、製造プロセスの話に分けて考えた方がよいだろう。まずは、すぐにでも影響が出てきそうな営業面の話である。

先ほど解説したように、オープン化と標準化が進んだ場合、産業構造は水平分業となり、それぞれの企業は各レイヤーで高いシェアを獲得するため競争を行うことになる。特に、GEやシーメンスのように総合力のあるメーカーは、水平統合と垂直統合の両方をハイブリッドした戦略を進めてくるだろう。

最初に顕在化してくるのは、顧客の囲い込みである。

総合力のあるメーカーは、高度なデータベース処理能力などを武器に、競合となる企業から丸ごと顧客を奪う動きが活発化するはずだ。具体的に言うと、これまではGEやシーメンスではない企業が納入していた火力発電所のタービンが、両社によって置き換えられてしまうという話である。先ほど例に取り上げた東京電力や神戸製鋼所の事例がまさにこのケースに該当する。

では、高度なシステムを持っていない後発の企業はどう対処すればよいだろうか。

理想的なのはこうしたシステムを自前で開発することだが、現実的にはそう簡単にいかない状況がある。

GEはシステム基盤の開発にすでに10億ドル以上を投じており、技術的にかなりの優位性がある。一方のSAPはERP（統合業務パッケージ）開発企業としての豊富な開発経験を持っている。これらの企業と直接競合するのはあまり得策ではない。

一方、ユーザーから見れば、同じメーカーと付き合いたいという希望もある。

大型機器の場合には、パートナー企業の問題などもあり、長い付き合いのある企業でなければやりづらいという側面は確かに存在するだろう。だが、ユーザーとしてはサービスレベルの低いＩｏＴは使いたくない。

そうなってくると、最終的には何らかの妥協案が模索されることになる。

後発のメーカーは、機器類は自社製品を納入するものの、搭載するセンサーやその処理といった部分については、先行メーカーに依頼するという選択肢があり得る。具体的には日本のメーカーがＧＥやシーメンスの傘下に入るというパターンである。

後発メーカーにしてみれば、自社の機器を納入するという部分は守ることができるが、ＩｏＴによって提供できる付加価値の多くは、先行メーカーに持っていかれてしまう。ビジネスから得られる利益は減少する可能性が高い。

現時点では、ＧＥのようにすべての階層をカバーするフルラインナップ型企業が有利なのか、シーメンスとＳＡＰのようにレイヤーごとに企業が分かれている方が有利なのかは何ともいえない。ＧＥがソフトウェアを横展開するといっても、自社の機器類との兼ね合いを考えた場合、臨機応変に対応できるとは限らない。一方、ＳＡＰの場合には、シーメンスと組みながら、一方では日立や東芝にもシステムを提供するというやり方が選択できる。ＳＡＰは、理屈の上では、メーカー各社にアプローチし、企業情報システムの世界におけるオラクルのような立場を築くことは十分に可能かもしれない。

今のところ、ＩｏＴの分野におけるＧＥ、シーメンス、ＳＡＰの優位性は高く、日立や東芝、三菱重工といった日本勢は、十分なシステム基盤を開発できていない。巨額の資金を投じてシステム基盤を開発するのか、ある程度利益を犠牲にしても、ＧＥやシーメンスと協業するのか、そろそろ戦略を固める必要があるだろう。

ここまで説明してきたのは、あくまで顧客獲得という営業戦略上の話である。だが、これとは別に、ＩｏＴとＡＩの普及によって製造現場が大きく変わり、メーカーの序列が激変する可能性も指摘されている。

場合によってはトヨタのような企業ですら、ただの下請け企業になってしまうリスクを抱えているのだが、それはどういう意味だろうか？

トヨタが下請けになる日

ＩｏＴとＡＩが本格的に普及した場合、工場にある製造装置もすべてネットに接続され、相互に情報をやり取りするようになる。そうなると、工場の中をすべて自動化することも不可能ではなくなる。

生産に必要な資材が足りない場合には自動的に発注が行われるのはもちろんのこと、製造装置のどの部分に不具合が起きそうなのか、それを回避するために必要な部品は何か、どのようなスケジュールで部品の交換をすればよいかなど、あらゆる判断がシステム上で行われることになる。実際に部品の交換を行うのもＡＩが搭載されたロボットということになれば、工場の中には本当に人が要らなくなるだろう。

話はそれだけにとどまらない。

こうした状況がさらに進展すると、工場が持つ付加価値が急激に低下し、ただの不動産になってしまう可能性すらある。

本書において筆者は、ＡＩ型経済が到来すると企業の生産性が著しく上昇し、資材さえ確保できればいくらでも生産を拡大できると説明した。

これまでの工場は同じものを大量生産することが基本であった。そうしなければコストがかかり、顧客が購入できる水準の価格を提示できなかったからである。

しかしＡＩ社会が到来すると、工場の生産性は何倍にも拡大し、生産コストは大幅に引き下げられる。そうなってくると、個別にカスタマイズされた製品を、マスプロダクトと同じ価格かそれ以下で提供できる可能性が見えてくる。

これまで自分のサイズにぴったり合った自転車や洋服をオーダーメードすれば、何十万円、何百万円という値段になってしまうのが当たり前であった。しかし、ＡＩ社会では、極めて安価なオーダーメードが可能となる。場合によっては大量生産という概念すらなくなってしまうかもしれない。

工場のＩｏＴ化とＡＩ化が最終的に行き着く先は、もの作りに関するノウハウの完全汎用化である。

これまで工場における生産技術は、メーカーにとって付加価値そのものであった。

工場の設置や運営に関する高度なノウハウの蓄積があるからこそ、高い生産性を実現でき、競合の参入を防ぐことができたのである。

ところが、工場が完全にＡＩ化すると、生産ラインの設置や維持管理に関するノウハウをＡＩが次々と学習していく。そうなってくると、これまで一部のメーカーが独占してきた高度な生産技術が広く一般に共有されてしまう。しかもコストが劇的に下がるので、生産技術すら必要なくなり、設備の量でカバーするという考え方が成立するかもしれない。

最終的には多少の資金さえあれば、誰でも工場を建設することができ、人手をかけずに工場の運営をこなせるようになるだろう。つまり、工場のコモディティ化である。突き詰めて考えれば、製造設備はメーカーから分離し、先述したようにただの不動産になってしまう可能性も十分あり得ることになる。

トヨタに代表される日本の製造業は、高度な生産技術を駆使することで、他社との差別化を図ってきた。だが、究極のＡＩ化時代においては、工場の生産設備はメーカーの差別化要因にはなりにくい。

重電の分野ではすでにその片鱗《へんりん》が見えているが、顧客に対してどのようなサービスを提供できるのかが新しい時代における競争力の源泉であり、この部分こそが真の差別化要因となる。

近い将来、外見寸法やスペックなどをすべてオーダーメードでき、1週間程度で商品を手元に届ける家電メーカーが登場してもまったく不思議ではない。こうしたメーカーは、オーダーメードという部分に付加価値があるので、自社の生産設備にこだわる必要はない。生産は随時、空いている工場に発注すればいいだけだ。

このような時代において製造業は、完全にサービス業にシフトするか、極めて高度な製造技術を持った開発型企業を目指すのかの二者択一を迫られる。生産技術だけに固執してしまうと、その企業は、サービス提供型のメーカーから、単に生産を外注されるだけの存在に成り下がってしまう。

これはトヨタのような超優良企業ですら例外ではない。産業革命というのはまさに革命であり、物事の考え方が180度転換することを意味している。新しい時代には、どこに付加価値が生じるのか、従来の常識を捨てて考える必要がある。

第5章

フィンテックは投資家や銀行の立場を弱くする

フィンテックは5つの分野に分けて考える

ＩｏＴの分野と同様、キーワードばかりが先行し、市場の盛り上がりが今ひとつだった日本のフィンテックにも具体的な動きが見えはじめている。日本はこの分野ではすでに周回遅れになっているともいわれるが、ようやく環境が整備されつつある。

フィンテックのビジネスは5つのカテゴリーに分類できる

フィンテックとは、金融（ファイナンス）と技術（テクノロジー）を組み合わせた造語で、主にＩＴを駆使した新しい金融サービスという意味で使われている。ひとくちにフィンテックといっても、その範囲は広く、人によって使い方も様々だ。これまで登場してきたフィンテック関連の事業やサービスを整理すると、以下の５つに分類できる。

①決済サービス系

②融資・資金調達系
③資産管理・運用系
④送金サービス系
⑤仮想通貨系

①の決済サービス系のフィンテックは、あまり意識されていないが、すでに社会に普及している。代表的なものとしてはペイパルやアップルペイ、ラインペイといったサービスがある。決済についてはクレジットカードやデビットカードなど、十分なインフラが整っており、新しいサービスはこうしたインフラの上に成立している。

決済系のフィンテックは既存の金融インフラとの連動性が高いので、この分野から、次々と新サービスが登場してくる可能性は低いだろう。一方で、ビットコインなどの仮想通貨と組み合わせたものは、今後も多くのサービスが登場する余地が残されている。

システム開発を手がける電通国際情報サービスは、フィンテック系のベンチャー企業を発掘する目的でビジネスプランのコンテストを開催している。２０１６年の大会でオーディエンス賞などを受賞した米シフト・ペイメンツ社は、既存の決済インフラと仮想通貨を組み合わせたアプリを開発しており、これが受賞の対象となった。同社のアプリは、銀行口座とビットコイン口座の両方からＶＩＳＡデビットカードを使えるというもので、会場ではデモンストレーションも行われた。

このほか、地域金融機関を主体としたエリア限定型決済インフラについても、新サービス開拓の余地が残されている。このあたりについては後述する。

最近、国内で動きが活発なのは、②の融資・資金調達系のサービスである。

第1章で紹介したみずほ銀行とソフトバンクの合弁会社はまさに融資系のサービスということになるが、先ほどのビジネスプラン・コンテストでも、少額のお金を集めたり、送金できるサービスを提供するアイムイン（I'm in）が入賞している。

不特定多数の人がネット上でプロジェクトに対して資金を提供する仕組みのことをクラウドファンディングと呼ぶが、すでにこの分野では「レディーフォー」「キャンプファイヤー」「Ｍａｋｕａｋｅ（マクアケ）」など、多数のサービスが立ち上がっている。クラウドファンディングは、地方の古民家再生プロジェクトや車いすの修理費用の調達など、比較的少額で社会性の高い案件が多い。

レディーフォーは、もともと東京大学系のベンチャーとしてスタートした企業であり、キャンプファイヤーはレンタルサーバーのロリポップ創業者で連続起業家としても知られる家入一真氏らが設立した。マクアケはＩＴ企業であるサイバーエージェントが運営している。すでに月間10億円以上の資金がこうしたクラウドファンディングを経由して調達されており、社会インフラの一部として定着しつつある。

融資・資金調達と同じく、このところ大きな盛り上がりを見せているのが、ＡＩやキュレーションなどＩＴを活用した③の資産管理・運用系のビジネスである。

ウェルスナビ（WealthNavi）は、ポートフォリオの構築や実際の運用をロボットにお任せできるサービスである。ＥＴＦ（上場投資信託）を中心に最低１００万円から運用を始めることが可能。年齢、年収、資産額、投資目的など、簡単な質問に答えるだけでポートフォリオが決定され、買い付けも自動的に行われる。

テオ（THEO）もウェルスナビと同じような運用サービスを提供しているほか、楽天証券やマネックス、みずほ銀行といった既存の金融機関にも同様のサービスがある。

資産管理系のフィンテックとしては、家計簿アプリ「マネーフォワード」などを提供するマネーフォワード社がよく知られている。

マネーフォワードは銀行口座などとの連携が可能で実用度が高い。日々の支出管理もスマホ連動型となっており、レシートをスマホで撮影すれば結果が自動的に反映されるなど、非常に便利な仕組みだ。クラウド上の会計サービスを提供するＦｒｅｅｅも同様の家計簿アプリを提供している。

これまでも家計簿ソフトというものはたくさんあったが、あまり普及していなかった。その理由はおそらく、操作の煩わしさにあると考えられる。従来の家計簿ソフトは、パソコンに向かっていちいち入力する必要があり、これが利用者層を限定していた可能性が高い。スマホという常に持ち歩くデバイスが普及したことでこの障壁がなくなり、市場が一気に拡大する可能性が見えてきた。

ここまで説明してきたフィンテックは、銀行を中心とする既存の金融機関のサービスを補完したり、金融機関と共存できるサービスということになる。その意味では、従来の市場構造にそれほど大きな影響は与えない。

一方で、これから説明する④送金サービス、⑤仮想通貨という分野は、場合によっては、銀行のビジネスモデルそのものを破壊する可能性を秘めている。また②の融資・資金調達系ビジネスもネットのサービスとして独立した存在になった時には、銀行のビジネスを脅かすことになる。フィンテックが持つ本質的な意味は実はここにある。

仮想通貨は想像もしなかったサービスを生み出すか

仮想通貨といえばビットコインが代表的だが、第1章でも解説したように、日本ではビットコインの法整備がかなり遅れていた。

2014年に国内の取引所である「マウントゴックス」が経営破たんしたことから、ビットコインをどう位置付けるのか国際的な議論となった。日本国内では、新しい技術に対するヒステリックな反発が強く、政府はいち早くビットコインを「通貨」ではなく「モノ」であると位置付けてしまったことが大きく影響している。

一方、米国など主要各国は、ビットコインの将来性を考え、逆に「通貨」として認める方向性で法整備を進めてきた。今ごろになって政府は日本が国際的に取り残されていることとに気付き、改正資金決済法を可決して、ようやくビットコインを準通貨として位置付けたという状況である。

ビットコインのような仮想通貨には、国家の管理を必要としない新しい通貨という側面と、世界各国共通で利用できる決済手段という2つの側面がある。

前者は中央銀行など政府が持つシニョリッジ（通貨発行益）を、後者は銀行が持つ送金ビジネスの領域を脅かす可能性があり、潜在的な影響力は大きい。ビットコインのビジネスはリスクもあるが、大きな可能性を秘めているとみてよいだろう。

一方、こうした既存の金融秩序を脅かす可能性のある技術は、常に当局による規制との間で利害が衝突することになる。この点については大きなリスク要因になるということも理解しておく必要があるだろう。

仮想通貨が普及することで短期的な影響が大きいのは、海外送金や海外決済の分野である。現在、国をまたいで送金を行うためにはかなりのコストがかかる。マネロン対策もあり、ますます海外送金がやりにくくなっているというのが現状だ。

海外旅行での決済も同様である。

すでにクレジットカードという共通決済基盤があるとはいえ、通貨が変わると為替レートも変わり、旅行者は常に不便を強いられている。ビットコインがグローバルに通用する決済通貨として普及することになれば、ビットコインの利用者は、為替レートを気にせず各国どこでも決済することができるようになる。

仮想通貨は、ネット上の融資サービスとの親和性も高い。海外のプロジェクトに対して送金する場合、ビットコインのインフラを使えば大幅にコストを削減できる。融資も同様で、ビットコインをベースにすれば、法制度の問題はともかくとして、国境をまたいだ融資ビジネスがすぐに実現可能だ。ビットコインの業界では、国境に関係なく個人や事業会社に融資するプラットフォーム企業がすでに登場しており、状況によっては大きく市場が拡大することになるだろう。

国内では、海外送金のニーズはそれほどないのでインパクトは小さいとの見方があるが、必ずしもそうとは言い切れない。コストが劇的に下がると、これまでは想像もしなかったサービスが生まれてくる可能性があり、現時点ではそれを正確に予測することは困難である。

お金の「民主化」が進む

フィンテックが本格的に普及すると、投資に対する考え方もこれまでとは様変わりするかもしれない。多くの個人に投資チャンスが広がり、一部の投資家や金融機関が投資の利益を独占できなくなる一方、投資によって得られる収益は減少する可能性が高い。

フィンテックはお金の世界を「民主化」するともいわれるが、皮肉なことに、広く開放された民主的な金融システムにおいては、投資家は相対的に不利な立場になってしまう。場合によっては年金運用などの分野にも影響を与えることになるかもしれない。

誰でもお金の貸し手になれる時代

先ほど、特定のプロジェクトに対して不特定多数から広く資金を募るクラウドファンディングの事業者について解説した。これらは、社会性の高い少額案件が多いのだが、一方では、不動産や新規事業に融資を行うという、一般的な事業者ローンに近いサービスも多数登場してきている。

こうした新しい形態の融資はソーシャルレンディングとも呼ばれており、ネットを検索すると高利回りをうたう多くの事業者を見つけ出すことができる。諸外国では、さらに多くのサービスが立ち上がっており、米国では累計で2兆円近くの資金を仲介する企業も現れている。

一般的にソーシャルレンディングのサービスは、事業者が資金の借り手に対する評価までは行うものの、誰がどの貸し手にいくらまで貸すのかについては、貸し手が決定する仕組みになっていることが多い。最近ではＡＩを活用して、一定の条件で自動的に融資先を振り分ける機能を提供するところも出てきた。

今のところ日本国内のサービスは、そうではない形がほとんどであり、特定の不動産投資ローンや事業者ローンに対して出資者を募集するパターンが多い。その意味では、日本のソーシャルレンディングは完全にオープンではなく、従来の金融取引業者に近い存在といってよい。

この範囲にあるうちは、既存の金融機関を補完するという役割にとどまるので大きな影響はないだろう。ただ、資金の貸し手が一般的な個人にまで広がったという点では、金融の開放は着実に進んでいる。

こうした新しいスタイルの投融資ビジネスは、ビットコインをはじめとする仮想通貨の世界ではさらに先鋭的な状況となっている。これまでベンチャーキャピタル（ＶＣ）やエンジェル投資家など、ごく限られた投資家にしか門戸が開かれていなかったベンチャー企業に対する投資が完全にオープン化しているのだ。

２０１６年6月、仮想通貨の世界で大きな出来事があった。ベンチャー企業への投資を自律的に進める新しいプラットフォームが提唱され、「イーサリアム」という仮想通貨で資金を調達したところ、日本円換算で１７０億円（当時のレート）もの資金を集めることに成功したのである。

「ＤＡＯ」という名称のこのプラットフォームは、集めた資金を投資して運用する投資ファンドのような存在である。最大の特徴は資金の運用先について、あらかじめ決められたルールに基づき、ネット上で出資者が投票して決める仕組みになっているという点だ。

従来の投資ファンドは、やり方に違いはあるにせよ、基本的に出資者と運用担当者は分離していた。ヘッジファンドのような高利回りを狙うファンドの中には、ファンドマネジャーが自ら出資するケースもあるが、基本的には運用を他人に任せ、ファンドマネジャーには投資で得られた利益の中から報酬を支払う。だがＤＡＯの場合には、事前のルールにしたがって民主的に投資先が決定され、その成果が自動分配される。しかも、このプラットフォームには誰でも参加することができる。

これまでも投資信託のように一般から資金を集める商品はたくさん存在したが、ベンチャー企業のような極めて高利回りが期待できるファンドはほとんど公開されていなかった。多くのファンドが私募という形で特定の投資家からの出資のみを受けつけている。

投資家が持つパワーは相対的に低下する

このような仕組みになっているのは、ベンチャー投資には高度なノウハウが必要であり、出資者にもリスクに関する一定以上の知識や対応力が求められるからだ。広く一般から公募してしまうと、十分な知識や資力のない投資家が参加してしまい、思わぬトラブルにつながる可能性がある。こうした事態を防ぐため、ほとんどのファンドは私募形式を採用している。

DAOはこうした専門的な投資機会を、フィンテックを使って一般に開放することに成功した。これは一種のパンドラの箱なのだが、実はこの話には続きがある。DAOは資金調達を行った後にハッキング攻撃を受け、一部の資金がプラットフォーム内で勝手に移動させられてしまったのだ。DAOの内部では侃侃諤諤《かんかんがくがく》の議論が行われ、結局、非常手段を使って資金を元に戻すという措置が講じられた。

広く一般に投資機会を提供し、その直後にハッキングの被害に遭うというのは、フィンテックが持つ陰と陽の両面を見事に示した出来事といってよいだろう。

これまで見てきたように、投資や融資の世界では、フィンテックを活用したオープン化が急速な勢いで進んでいるが、この現象には2つの側面がある。ひとつはマネーの世界における民主化であり、もうひとつは、それに伴う期待収益の低下である。

ベンチャーキャピタルやヘッジファンドの投資がこれまで極めて高い収益を得ることができていたのは、一般投資家に対して門戸を閉ざしていたからだ。ベンチャー企業専門に投資するファンドはほかにはなく、起業家はどうしてもベンチャーキャピタルに頼らざるを得ない。投資家側は、資金の流れを独占することで、極めて高い投資利回りを起業家に要求することができた。そしてこのファンドに投資できるのは、一定の財力や知識を持った投資家だけであった。

だが、ＤＡＯのようなプラットフォームやソーシャルレンディングが普及してしまうと、誰でもこうした投融資に参加できるようになる。そうなってくると、多くの資金が殺到し、銀行をはじめ、資金の出し手の相対的な立場は下がる。投資から得られる期待収益は、今後、低下してくることになるだろう。

こうした現象は、マクロ経済的には慢性的な低金利という形で顕在化してくるかもしれない。フィンテック時代は、金融もオープンで民主的な世界となるが、その一方で投資家の立場は弱くなる。個人にとってこのことが有利なのか不利なのかは、何ともいえない。

投資によってお金持ちがますますお金持ちになるというサイクルは抑制されるかもしれないが、一方で、公的年金や投資信託などプロの運用者に任せておけば老後資金を作ってくれるという期待は消滅する。あらゆる意味で個人の力が試される時代になるだろう。

地域金融機関再編の引き金に？

フィンテックにおける5つのカテゴリーのうち、①の決済系については、すでに金融機関による決済インフラが整っているので、従来の秩序を覆すような大きな変化は起きにくいと説明した。しかし、スマホなど新しいデバイスを使った決済サービスの登場は、別の形で金融業界に影響を及ぼす可能性がある。それは、地方銀行や信用金庫など地域に展開する金融機関の再編である。

フィンテックは地域金融機関再編のカギを握っている

日本の金融機関は、全国展開を行うメガバンクと地域限定でサービスを提供する地方銀行に大別されている。さらに地域密着型の金融機関として、より狭いエリアで小規模に事業を展開する信用金庫や信用組合という組織もある。

日本は多くの企業が東京に集中しているため、実質的にメガバンクは東京や大阪を拠点とした大企業を中心に取引を行っている。地方銀行は各地域にある中堅中小企業と取引を行い、さらに小さな企業の資金需要を満たす役割として、信金・信組が存在していた。

ところが近年、人口減少と高齢化に伴い、こうしたメガバンクを頂点にした従来型ヒエラルキーの維持が難しくなっている。人口減少が金融機関にもたらす影響は、人口が減った分、顧客数が減少するというだけにとどまらない。

人口が減少すると、それに伴って人の移動が発生。都市部への人口集約が進むことで、これまでエリアによって棲み分けができていた金融機関のバランスが大きく崩れてしまうのだ。従来と同じ営業活動ができる銀行とできない銀行の差が激しくなり、金融機関の再編を誘発してしまう。

すでにいくつかの地方銀行では、他行との経営統合に踏み切っており、より広域なリージョナル・バンクに変貌することで生き残りを模索している。フィンテックによる新しい決済サービスの普及は、こうした地域金融機関の再編を加速させる可能性がある。

地域金融機関が抱える最大の問題は、その収益構造である。

銀行は主に2つの収益源を持っている。ひとつは「利ざや」であり、もうひとつは「手数料収入」である。

銀行は預金者から預金を集めて企業などに融資している。銀行が預金者に提示する利率は、銀行が企業に資金を貸し付ける際の利率と比較すると低く抑えられている。つまり安い金利でお金を調達し、高い金利でお金を貸しているので、その差額は銀行の儲けとなる。これを利ざやと呼ぶ。

一方、振り込みやＡＴＭを使った入出金には手数料が発生する。銀行は貸し付けなどを行わなくても、こうした手数料からも収入を得ることができる。

手数料収入と利ざやによる収入を比較すると、日本の銀行は利ざやによる収入に偏っているという特徴が顕著であった。逆に欧米の銀行は、手数料収入の比率が高く、日本とは逆の収益構造になっている。

金利が高い時には利ざやによる収益は効率がよいが、低金利の時代には、利ざやでは思ったような利益は得られなくなる。日本では低金利が長く続いたので、メガバンクなどの大手金融機関は、利ざや中心の収益構造をあらため、手数料収入の比率を上げるようビジネスモデルの転換を進めてきた。しかし、規模の小さい金融機関は利ざやによって収益を確保するという構造からなかなか脱却できない。

特に地域金融機関においては、手数料が発生する取引がそれほど多くないことから、収益の多くを貸し付けや、国債などへの投資で得られる利子や配当に依存せざるを得ない。

次ページの図10は金融機関の融資額（棒グラフ）と全体の収益に対する運用収益の割合（折れ線グラフ）を示したものである。

資本金10億円以上の金融機関（メガバンクや地銀の多くがここに含まれる）では融資の額が伸びる一方で、運用収益の割合も65％程度まで下がっている。ところが、資本金1億円未満の零細金融機関は融資の額も継続的に伸びておらず、運用収益の割合は90％に達する。つまり手数料収入は10％以下しかない。

現在、日本では量的緩和策が行われており、しばらくの間、低金利が続く可能性が高く、金融機関が運用で利益を上げるのはますます難しくなっている。手数料による収益を増やさなければ、もはや経営を持続するのが困難な状況なのだ。

一般の企業と異なり、金融機関は地域経済の血液となっている。採算が合わなくなったからといって単純に業務をやめてしまえばよいというわけにはいかない。また、複数の金

(図10)銀行の融資額と収益構造の変化

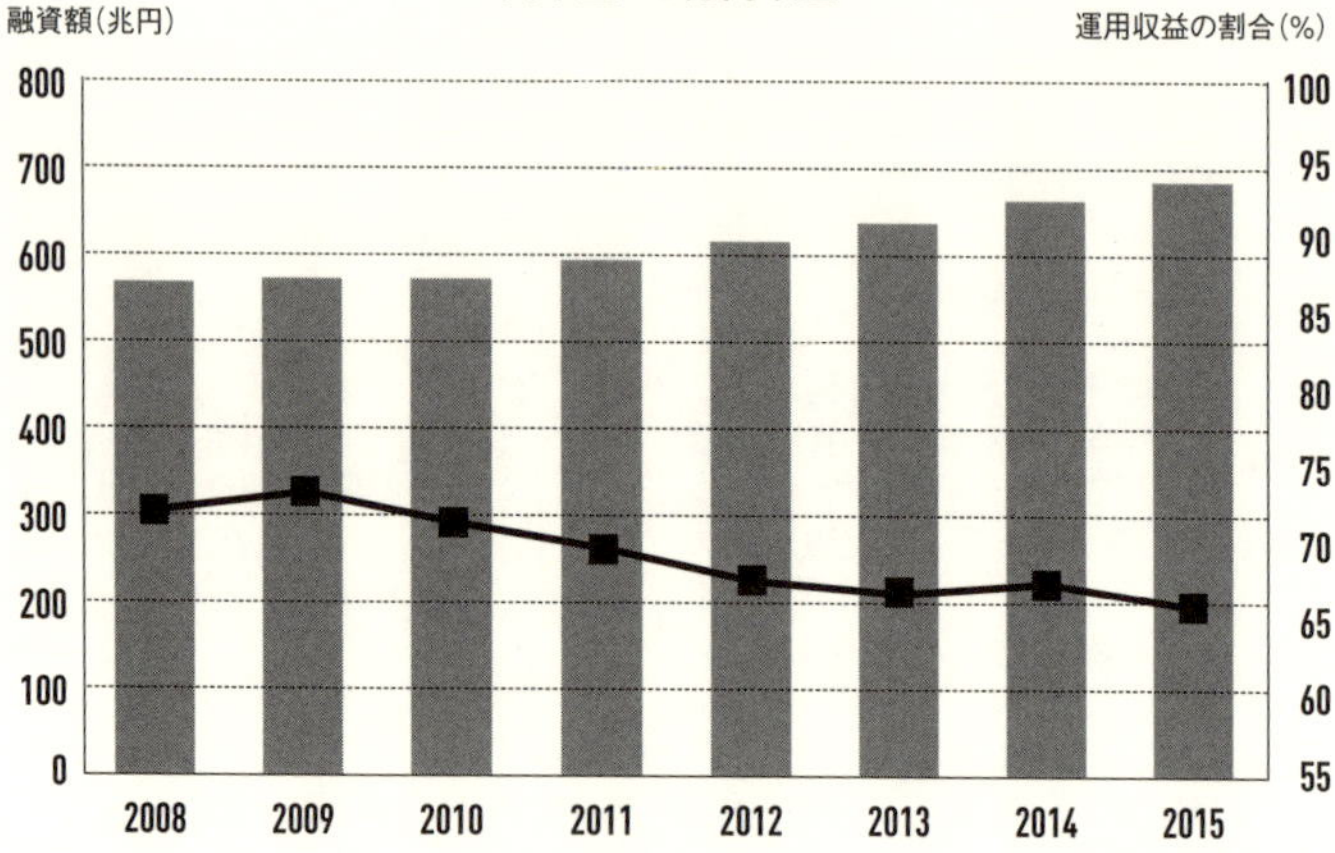

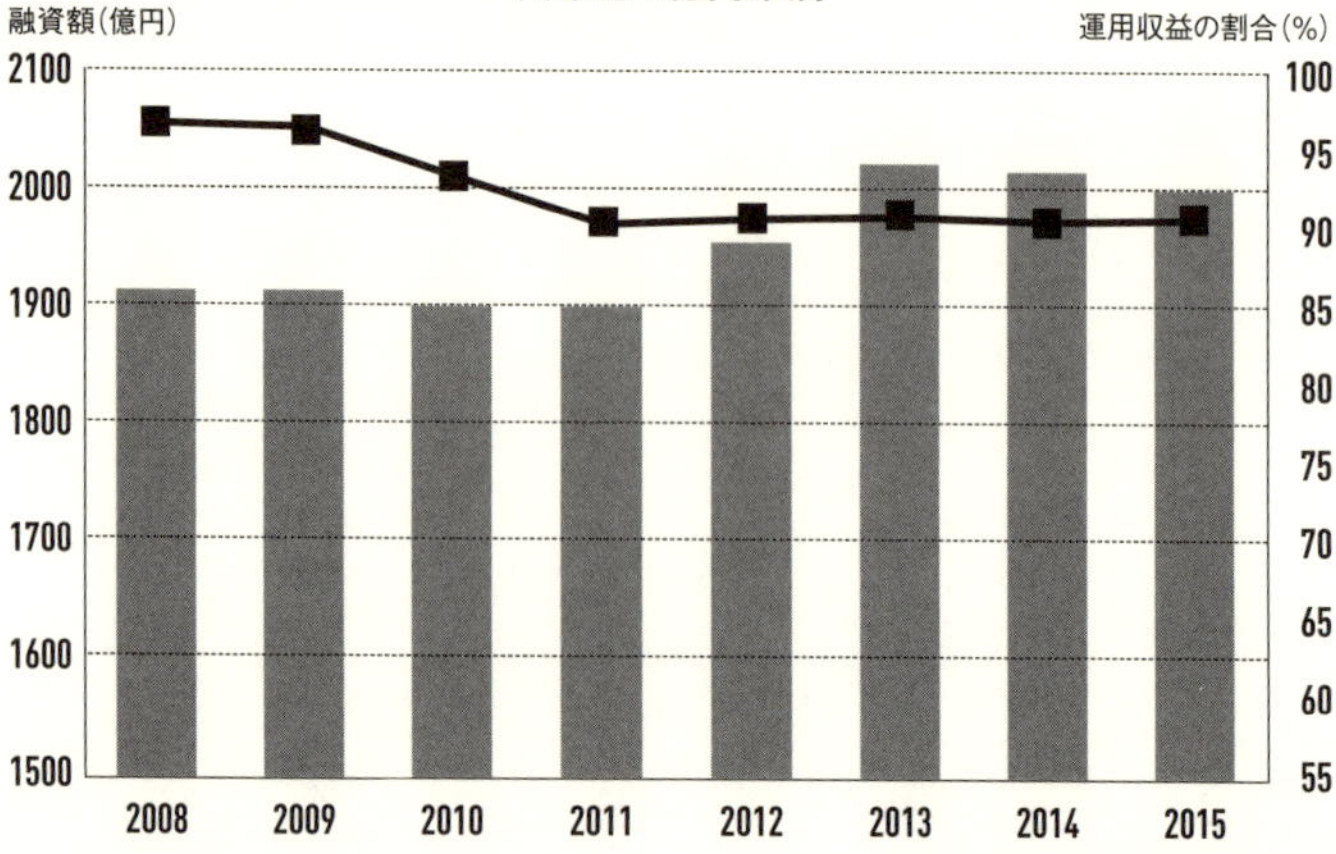

出典:法人企業統計から筆者作成

融機関を単純に統合しても、大幅にコストが下がるわけではない。地方の金融機関は、何としても、利ざや以外の収益源を作り出す必要に迫られている。

ここで注目を集めているのが、フィンテックを利用した安価な決済サービス事業への参入である。

安価な決済サービスで顧客を囲い込む

横浜銀行はＩＴ企業であるＧＭＯペイメントサービスと組み、新しいスマホ決済サービスである「はまＰａｙ」を２０１７年３月からスタートさせる。横浜銀行と契約した店舗（加盟店）で買い物をする際、スマホのアプリを使って決済を行うことができ、事前に登録した横浜銀行の口座から即時引き落としされるというものだ。

このサービスの特徴は、スマホで決済が完結していることと、利用者が事前に口座振替契約を結んでおく必要がないという点である。

クレジットカードやデビットカードのような感覚で銀行口座から引き落としができる。加盟店も顧客情報を効率よく管理することができるので、販売戦略を立てやすくなるというメリットがある。

　こうした独自の決済サービスがあれば、銀行は営業圏内にある飲食店などにこれを売り込み、日常的な少額決済を自らのビジネスの中に囲い込めるようになる。ここから得られる1件あたりの手数料は小さいが、小さな決済を積み上げれば、最終的には大きな手数料収入につながってくる。また、加盟店や個人のお金の動きを追跡できるので、よりきめ細やかな融資につながり、利ざや収入の拡大にもつながる。

　横浜銀行は、すでに東日本銀行との経営統合に踏み切っており、両行はコンコルディア・フィナンシャルグループ傘下の銀行となっている。システム基盤などを統一化し、経営効率を高めることで生き残りを図る。

　今後はこうした新しい収益源を確保できる金融機関が、再編の中核になってくるはずだ。最終的には、こうした決済インフラを持つ金融機関に多くの地域金融機関が吸収されていく形になるだろう。

税と会計をめぐる環境が変わる

地域金融機関と並んで、フィンテックの影響を大きく受けそうなのが、税や会計に関するビジネス領域である。場合によっては業界に地殻変動が起き、企業の序列が大きく変化する可能性がある。

低いパソコンの普及率が業界秩序を作っていた

税務や会計といったビジネスは、直接関係しない人にとってはあまり身近に感じられない業界かもしれないが、それなりの市場規模がある。

大企業は自社専用の会計システムや税務システムを保有しているが、中堅企業は、パッケージ化された会計ソフトをカスタマイズして導入するところがほとんどである。さらに規模が小さくなると、税理士を通じて汎用の会計ソフトを使っているところが多い。

税理士は、税務申告や領収書の管理などのサービスを顧客に提供しているが、一部では会計ソフトの販売店という位置付けにもなっている。

会計ソフトの関連企業としてはオービック、オービックビジネスコンサルタント、TKC、日本デジタル研究所といった企業がよく知られている。

こうした会計ソフトの市場はこれまで頭打ちといわれていた。その理由は、日本では業務のIT化があまり進んでいなかったからである。

意外に思う人がいるかもしれないが、日本のパソコン普及率は先進国の中ではかなり低い。パソコン普及率を示す正確な統計データは存在しないが、筆者がパソコンの年間販売台数や平均的な利用期間、人口などから概算でパソコンの普及率を計算してみたところ、日本は1人あたり0・5台程度しかパソコンを保有していない。これは、米国（1人あたり1台）や英国（1人あたり0・8台）、フランス（1人あたり0・7台）と比較した場合、かなり見劣りがする。

2015年後半から2016年前半にかけて、消費税10％への増税に関する議論の中で、軽減税率導入の是非が話題となった。

軽減税率導入に反対する意見の中でかなり目立っていたのが「企業の事務手続きの煩雑

化」であった。欧州ではかなり前から日本の消費税に相当する付加価値税が導入されており、軽減税率の制度もあるが、特に大きな問題は発生していない。ではなぜ日本だけが、軽減税率が導入されると、企業の事務負担が増えてしまうのだろうか。

税制そのものの是非というよりも、事務手続きが大きな問題になった背景には、実は日本のパソコン普及率の低さがある。店舗などの会計がシステム化されていないと、製品ごとに消費税率が違った場合、事務作業は非常に煩雑になってしまう。日本では業務のＩＴ化に対する抵抗感が強かったことから、会計ソフトの普及も一定レベルにとどまっており、これが軽減税率導入を妨げていたのである。

こうした状況に対してフィンテックが風穴を開ける可能性がある。

クラウド型の会計サービスがもたらすインパクト

カギとなるのはクラウドベースの会計サービスである。制度の内容をめぐって様々な議論があったものの、マイナンバー制度が２０１６年からスタートしている。マイナンバーをきっかけにパソコンを導入する中小零細事業者が増えると考えられているが、パソコンに不慣れな零細事業者にとっては、パッケージ型の会計ソフトや税理士による税務サービスは負担が重すぎる。ここにうまく割って入っているのが、スマホとクラウドを使って格安でサービスを提供するベンチャー企業群である。

先ほど紹介したマネーフォワードやＦｒｅｅｅといったベンチャー企業は、格安の月額料金と、ソフトの導入や管理が容易というクラウドならではの簡便さを武器に、零細企業の会計・税務におけるシェアを急拡大している。

マイナンバーの導入後、税務当局は個人や法人が保有する不動産や預金をすべて把握できるようになる。

これまでの納税申告は、納税者が自らの所得や資産を自己申告するというやり方だったが、マイナンバー制度が定着すれば、すべての所得や資産を税務署が事前に把握し、納税者はそれを確認するだけという流れになる。つまり税理士を介した煩雑な納税手続きが大幅に簡素化される可能性が出てきているのだ。そうであるならば、クラウドベースの会計サービスがあれば、十分に事足りるという話になる。

税理士は税務のアドバイスという本来の業務に専念することになり、そこまでのサービスを必要としない零細事業者は必要最低限の税務サービスに加入すればそれで済む。最近では、フリーランスとして活動する人も増えており、納税を自分の手で行うというケースはさらに増えてくると考えられる。

税務署の現在の体制では、納税申告の急激な拡大に対応することは難しく、申告をサポートする格安ビジネスへのニーズは高い。安い料金をウリにするフィンテック・ベンチャーにとってはかなりの追い風となる。

こうした動きは、既存の会計システムを提供する事業者に大きな変化をもたらすことになるだろう。

もちろん既存企業もフィンテック・ベンチャーの台頭を目にして、ただ指をくわえて見ているわけではない。各社とも料金体系やパッケージの販売価格を見直し、クラウドをベースにしたベンチャー企業型の格安サービスに舵《かじ》を切る可能性がある。最終的には価格勝負という世界に入るので、特定企業による寡占が進んだり、事業者間でM＆A（合併・買収）が起こることも十分に考えられる。

第6章

日本企業はどうなる？　生き残る企業、消える企業

運送業界とＩＴ業界に激震が走るのは必至

これまで、ＡＩ、シェアリング・エコノミー、ＩｏＴ、フィンテックという４つのテクノロジーについて個別に解説してきたが、最終章では、これらが日本のビジネスに及ぼす影響について全体的な視点で再整理してみたい。

ＡＩ導入は製造業への影響が大きい

ＡＩの普及によって、最初に影響を受けるのは、組織内での人の働き方である。将来的にＡＩは、人が行う仕事のかなりの部分を代替できるまでに進歩する可能性があるが、当面は、仕事の部分的な代替という形で普及してくるだろう。そうなってくると、業務遂行の能力の高い人が、ＡＩを使うことでさらに生産性が上がり、その人に仕事が集中するという状況が発生する可能性が高い。

企業にとってみれば、社内人材の偏在化が進むことになり、余剰となってしまった人材の扱いに苦慮することになるだろう。こうした状況に対して組織的な対処を行うところとそうでないところでは、業績という形で差がつくことになる。

よい結果であれ、悪い結果であれ、ＡＩの導入が経営に影響を及ぼしそうな業種については以下の３つのポイントで判断するとよいだろう。

①業務そのものがＡＩによって代替されやすいか？
②人手不足の業界か、人手が余っている業界か？
③資本集約的な業界か、労働集約的な業界か？

業務そのものがＡＩによって代替されやすいかという点で、もっとも大きな影響を受けるのは製造業である。同じ製造業でも、石油や化学など、原材料を提供する業種はあまりＡＩの影響を受けない。一方、家電や自動車など消費者が手にする最終製品を製造する企業への影響は極めて大きい。

ＡＩを活用し、顧客ニーズに合わせた柔軟な製造体制を構築できたメーカーは生き残ることができるが、これに対応できないメーカーは厳しい経営を余儀なくされる。

特に電機メーカーは、消費者向けの商品が多く、顧客ニーズも多様化しているので、影響は大きいだろう。ＡＩの分野はＩｏＴとの関係も密接なので、ＩｏＴへの対応が素早い企業はＡＩ化にも柔軟に対処できるはずだ。

製造業以外では、小売、卸、金融が業務を代替化しやすい。

銀行ではすでにコールセンター業務へのＡＩ導入が進んでいるが、いずれ、融資業務などにもＡＩは導入されていくだろう。こちらはフィンテックとの関係性が密接になるので、その分野における評価も重要となる。

一方、きめ細かい顧客対応が必要なおもてなし系のサービスは、当分の間、ＡＩの影響は受けにくい。外食産業にＡＩが導入されるのはまだ先だろう。

ＩＴ業界、運送業界に注目。ヤマトや佐川は大化けする？

業務内容の代替可能性に加えて、その業界に人手が足りているのかという部分もＡＩ化のレベルに大きく関係する。基本的に人手不足が深刻な業界は、ＡＩ導入を積極化させるインセンティブを持っている。

人手不足が深刻な業界は、建設、宿泊、飲食、情報サービス、運輸などである。だがこの中で建設はＡＩの対象にはならない可能性が高い。宿泊については、シェアリング・エコノミーの影響は大きく受けるものの、宿泊業務そのものとＡＩの親和性はそれほど高くない。ハウステンボスが展開する、恐竜のロボットなどが出迎える「変なホテル」は、むしろ例外と思った方がよいだろう。

影響がもっとも大きいのは、情報サービスと運輸である。

情報システムの構築は実はＡＩとの親和性が極めて高い。システムの設計やプログラミングといった作業は、工夫次第ではかなりの部分までＡＩで代替が可能である。

ＡＩに関する議論ではあまり話題に上っていないが、本格的なＡＩの普及でもっとも大きな影響を受ける可能性がある職種のひとつがプログラマーといわれている。

システムの構築を自動化できたシステム会社の業績は飛躍的に伸びるだろう。当然のことながら、情報サービス産業は、クラウドコンピューティングとの関係性が深く、シェアリング・エコノミーからの影響も受けることになる。この業界はＡＩ化とクラウドによる共有化が同時進行で進むことになる。

もうひとつ注目すべき業界は運輸である。対面の運送業務は、ＡＩに代替されにくいが、人手不足は深刻な状況だ。対面運送業務をサポートするＡＩの有無は業績に大きく関係してくるだろう。さらに、この業種はシェアリング・エコノミーとの関係性が極めて深い。楽天のようなネット企業が運送事業に本格進出する可能性もあるし、ヤマトや佐川といった企業が、シェアリング・エコノミーを使って配送要員を確保し、ＡＩを活用した効率的な配送システムを実現するかもしれない。人が足りないにもかかわらず顧客ニーズが極めて高い分野なので、確実に大きな動きがあるだろう。

長距離のトラック輸送や飛行機の運航などは、ＡＩとの親和性が極めて高い。すでに米国や欧州では、大型トラックの運転を自動化させ、隊列を組んで大量輸送する試験プロジェクトが動きはじめており、実用化までに時間はそうかからない。

このあたりは技術的な問題というよりも、政府の規制による影響が大きい。このため、普及するかどうかはビジネスとは別の要因が働くと思った方がよい。ただ、純粋に技術的、ビジネス的状況を考えた場合、ＡＩ化のニーズが極めて高いことだけは間違いない。

労働集約的な業界の動きは速い

企業のビジネスモデルによる違いとしては、基本的に労働集約的な業態の方がＡＩ化のニーズは高いということになる。

日経２２５構成銘柄を使って資本集約レベルを比較すると、運輸や部品メーカー、情報システムといった業種はあまり資本集約的ではなく、ＡＩ化の余地が大きいと判断できる。逆に電力、通信、商社といった業種は、資本集約レベルが極めて高い。ＡＩによる人の業務の代替効果は限定的だろう。

資本集約レベルの分析で特徴的なのは部品メーカーである。製造業は基本的に資本集約産業だが、部品メーカーはその中では労働集約的な部類に入る。場合によってはＡＩやロボットによる合理化が可能となるかもしれない。

製造業なので、この業界はＩｏＴとの関連性が高くなる。ＩｏＴによる工場の無人化や、製造設備の国際的なシェアといった動きが活発になった場合には、面白い動きが出てくるかもしれない。

小売店、電機メーカーの動き

シェアリング・エコノミーが企業経営にもたらす影響としては、2つの種類に分けて考えた方がよい。ひとつは、シェアリング・エコノミーが直接業務の中に入り込む業種。もうひとつは、間接的にシェアリング・エコノミーの影響を受ける業種である。

運送と小売の関係が変わる

タクシーや民泊のようにすでに業務の一部がシェアリング・エコノミーそのものになっている業種もあるが、今後の拡大余地が大きいのは、運輸、外食、小売、そして情報サービスだろう。

第3章では、飲食店の料理をデリバリーする「楽びん!」などのサービスを紹介したが、この業務は容易に一般に開放される可能性がある。楽びん!は楽天のサービスだが、外食チェーンが自らこうしたサービスに乗り出す可能性もあるだろうし、既存の運送事業者がサービスを提供する可能性もある。小売店と外食産業、そして運輸事業者が入り交じった形でビジネスが展開することになるだろう。

小売店は、中古品の売買という意味でも、シェアリング・エコノミーの影響を直接的に受ける。第3章でフリマアプリの「メルカリ」を取り上げたが、ユニクロのようなショップブランドや家電量販店などが、自社が販売した商品に特化したフリマ市場を運営するという選択肢も十分に考えられる。アマゾンがAIを使った完全自動コンビニの事業に乗り出していることも無視できない。顧客情報を高度に収集できるAI時代においては、小売店は商品を置いて顧客を待つのではなく、積極的に呼び込む形になるかもしれない。

このほかに、シェアリング・エコノミーの直接的な影響を受けやすい業種としては情報サービスがある。

これまで企業は自らがサーバーなどのIT機器類を購入して情報システムを構築していた。だが、アマゾンやマイクロソフトが提供するクラウドサービスが急拡大しており、ハードウェアを自社で保有しないのは常識となりつつある。

そうなってくると、ハードウェアメーカーの動向に大きな変化が出てくるのはもちろんのこと、システム構築を請け負うシステムインテグレーターと呼ばれる業態にも再編の波が押し寄せるだろう。

シェアリング・エコノミーの普及がさらに進むと、マクロ経済的な影響も無視できなくなってくる。社会のあらゆる面でモノやサービスのシェアが進み、企業の設備投資が抑制されてくる可能性がある。

こうした変化は、現場ごとの細かい出来事の積み重ねとして顕在化するので、個別の事例としては捉えない方がよい。影響を受けやすい業種を考える場合には、設備投資全体の金額などマクロ的なアプローチがよい。

日本国内の設備投資のうち、非製造業が占める割合は7割に達する。シェアリング・エコノミーによるマクロ的な影響は非製造業が中心となりそうだ。

その中でも設備投資の金額が大きいのは、小売、卸、サービス、運輸、情報通信、不動産といった業種である。小売、運輸、情報通信は直接的な影響も大きいので、シェアリング・エコノミー時代には要注意の業界ということになる。

重電の世界ではすでにIoT化が始まっている

シェアリング・エコノミーがもたらす影響は非製造業の方が大きかったが、IoTの場合は逆の動きとなりそうだ。IoTがもたらす影響は、まず製造業の世界で顕在化する。続いて、IoTを使った新しい製品をうまく使いこなす非製造業の企業にも影響が出てくるだろう。

もっとも大きな影響を受けそうなのが重電や機械といった業種である。

火力発電所のタービンや業務用の大型空調設備、エレベーター、ポンプなど産業用の機器を製造するメーカーは、従来型製造業から、機器の運用までを一括して請け負うサービス業への転換を余儀なくされる。一連の業態転換は確実に業界再編をもたらすだろう。具体的には、日立、東芝、三菱重工、三菱電機といった企業が大きな影響を受ける。この分野は海外勢がリードしているので、日本メーカーは苦しい立場に置かれることになる。

一方、製造業のサービス化が進むと、新しいサービスをうまく使いこなすことができるユーザー企業にメリットが出てくる。

電力会社やビルなどを保有する不動産会社、倉庫会社などは、こうした大型の設備をメーカーから購入している。ＩｏＴの技術を積極的に活用できたユーザー企業の業績は伸びることになるかもしれない。

ここまでの話は主に産業向けの製品やサービスの話だが、少し時間はかかるものの消費者向けの市場でもＩｏＴの技術は徐々に普及する可能性が高い。もっとも影響が大きいのは自動車と家電だろう。

自動車は、自動車メーカーと電装系の部品メーカー、さらにはカーナビなどのメーカーが複雑に絡み合う形で自動車のネット接続サービスが構築されていく。関連企業は要注目である。

家電については、基本的に電機メーカー主導ということになるが、ＮＴＴドコモやソフトバンクといった通信会社、ハウスメーカー、ＬＩＸＩＬなどの住設会社も関係してくるだろう。家電の稼働履歴から購買予測を行うといったことが可能となるので、ネット通販企業との連動性も高い。新しいアイデアが求められる世界でもあり、ベンチャー企業が活躍する余地が大きいかもしれない。

ＩｏＴが最終的に目指す世界は、工場の完全自動化と、フルカスタマイズを前提にしたオーダーメード型の製造業である。長期的な視点では、あらゆる製造業がＩｏＴの影響を受けると考えた方がよいだろう。

金融ビジネスへの参入が容易に

フィンテックは、基本的に金融とＩＴの融合なので、当然のことながら金融業界とＩＴ業界への影響が極めて大きい。フィンテックの普及が地域金融機関の再編を促すほか、会計や税務のサービスにも影響を与える可能性がある。

このほか、ＩＴ企業と組む形になるかもしれないが、小売店や外食産業などが、フィンテックを使った新しい決済サービスに乗り出してくる可能性がある。

中国の電子商取引サイト最大手のアリババは自社のリソースを使って決済サービス「アリペイ」を提供している。アリペイは、買い物だけでなく、電気やガスの支払いにも対応している。つまり、銀行に近いサービスであり、金融機関としての側面を持つ。こうした展開は政府の規制次第だが、異業種からの参入もあり得るだろう。

必見、業界マップ

これまで、ＡＩ、シェアリング・エコノミー、ＩｏＴ、フィンテックというテクノロジー区分ごとに業界に与える影響について議論してきた。最終的には、この４つの分野において、重複が多い業種がもっとも影響を受けやすいということになる。

これらを一覧にしたのが図11である。

この中で、すべてのテクノロジー区分で影響を受けそうなのが情報サービスである。４つのテクノロジーは、いずれもＩＴをベースにしたものなので、情報サービス産業が影響を受けやすいという結果が出るのは当然のことかもしれない。

ひとくちに影響といっても、そこには２つの意味がある。ひとつは情報サービスの提供者として、ＡＩ化やＩｏＴ化の恩恵を直接的に受けるという意味。もうひとつは、自身の経営もその影響から逃れられないという意味である。

アマゾンやマイクロソフトなど、クラウドサービスを積極的に展開している企業は、恩

(図11)4つの技術が業界に与える影響度マップ

業種	AI	シェアリング	IoT	フィンテック
繊維			△	
木材・木製品			△	
紙・パルプ			△	
化学			△	
石油・石炭製品			△	
窯業・土石製品			△	
鉄鋼			△	
非鉄金属			△	
食料品			△	
金属製品			△	
機械			◎	
電子部品	△		◎	
電機	△		◎	
造船・重機	△		◎	
自動車	△	◎	◎	△
建設				
不動産		△	○	△
リース				
卸売	○	○		
小売	○	○		△
運輸・郵便	◎	◎		△
通信				○
情報サービス	◎	◎	◎	◎
電気・ガス				△
銀行・証券	△			◎
保険	○	○		◎
法人サービス	△	△		○
個人サービス	△	△		○
宿泊・飲食サービス	△	◎	△	△
鉱業・採石業				

恵の方が大きいが、サーバーのメーカーなどはマイナス面が大きいはずだ。システムインテグレーターもどちらかというとマイナスなので、業界再編や合理化に注目するということになるだろう。

続いて重複が多いのは自動車や運輸、小売、飲食サービスである。本書ではすでに何度も言及してきたが、各テクノロジーは単独で存在しているわけではなく、相互に密接に関係している。

シェアリング・エコノミーをより活発にするには、高度なＡＩが必須となるし、それはＩｏＴやフィンテックでも同様だ。さらに言えば、こうした新しい技術の醍醐《だいご》味《み》は、無数の個人の動きをＩＴを使って統合するところにある。消費者個人の行動と深く関係する小売や運輸といった業界の影響が大きいのも、当たり前といえば当たり前だ。

ＩｏＴは例外だが、非製造業への影響が大きいというのも、これらのテクノロジーの特徴である。逆に言えば、ＡＩ化やＩｏＴ化は、製造業のサービス業化を促す動きがある。その意味では、これらのテクノロジーは脱工業化の象徴と捉えることもできる。

製造業の分野で影響が大きいのは、家電、自動車、重電ということになるだろう。家電業界はすでにＩＴ業界との融合が進んでおり、その意味では、オープン化が先に進んできた業界といえる。一方、自動車業界は現在でもクローズドな垂直統合システムを維持している。この世界にＩＴが広まってきた場合のインパクトは大きいはずだ。

逆に製造業の世界でも、これらのテクノロジーとは無縁の業種もある。素材や原材料、食品といった分野は、ＡＩ、シェアリング・エコノミー、フィンテック、いずれの技術からも大きな影響は受けない。

唯一、ＩｏＴの普及で工場の自動化が進んだ場合にのみ、主に生産面で変化が生じる可能性がある。だが、素材や食品といった分野は、顧客ごとに製品をカスタマイズするというニーズは少なく、将来も、少品目の大量生産が中心であることに変わりはないだろう。

影響を受けにくいもうひとつの業界は建設である。

建設の分野はすでに機械化が進んでおり、これ以上の機械化はコスト的に採算が合わなくなる可能性が高い。消費者とも直接的な関係が薄く、４つのテクノロジーが活躍する余地は小さい。

日本企業はどうなる？【重電・IT業界】

日本企業は新しい４つのテクノロジーによって、どのような変化に直面することになるのだろうか。具体的なシナリオを考えてみたい。

多くの業種の中で影響がもっとも早く顕在化するのは、重電分野となる可能性が高い。その理由は、ＩｏＴへの対応がすでに最終段階に入っているからである。

日立・三菱・東芝はGE・シーメンスとの提携が必至？

これまで何度も指摘してきたように、重電業界はＩｏＴの導入によって、従来型製造業からサービス業への転換が急ピッチで進んでいる。この波に乗ることができた企業と、そうでない企業との間には、10年後には埋めようのない差がついている可能性が高い。

重電の分野におけるＩｏＴ化は、今のところ米ＧＥと独シーメンスが独走状態となっている。水をあけられた日立、東芝、三菱など日本勢には３つの選択肢がある。

ひとつは、ＧＥとシーメンスに対抗して、同様のＩｏＴ体制を構築するというものである。もうひとつは、ＧＥもしくはシーメンスのグループに入り、彼らのシステム基盤を使ってビジネスをするという選択肢。もうひとつは、現状のまま競争するという選択肢である。

５年前であれば、日本勢が独自に投資と技術開発を行い、ＧＥとシーメンスに対抗するという選択肢があったかもしれない。だが、残念なことに両社の開発はかなり先行しており、日本勢が今から追いつくのはかなり難しい。しかも東芝は不正会計問題や原子力事業の低迷で、三菱重工は客船事業の失敗や航空機事業のスケジュール延期で財務的に苦しい状況にある。数千億円の開発投資を思い切って行う余力はない。

日本勢で唯一、開発の余裕があるのは日立ということになるが、今のところ日立がＧＥとシーメンスに対抗するという明確な方向性は示していない。

一方、現状のまま競争するという選択肢もあまり考えられない。ＧＥやシーメンスと同レベルのＩｏＴサービスを提供できなければ、国内外の顧客が両社に乗り換えてしまうリスクが生じてくる。国内の案件でも、予想を覆してシーメンスが受注を獲得するケースが出てきていることを考えると、手をこまねいているわけにはいかない。

最終的には、何らかの形でＧＥやシーメンスとの提携を模索する形になる可能性が高い。日立のような企業は、場合によっては、独自のＩｏＴサービスを打ち出す可能性もあるが、現状では何ともいえない。重電分野への投資を考えている人は、今後の企業提携の方向性について注意を払っておく必要があるだろう。

中堅システム会社の経営統合が進む

情報サービス業界は、新しいテクノロジーの影響をもっとも強く受ける業種のひとつである。場合によっては、業界再編となる可能性もあるので要注目だ。

日本の情報サービス産業は、かなり保守的な業界構造となっている。日本政府は、情報サービス産業にとって最大の顧客のひとつだが、政府系のシステム受注に強いＮＴＴデータと、かつてＮＴＴ（旧電電公社）が調達する通信機器の受注を引き受けていたＮＥＣ、富士通、沖電気といった企業群が、今でも政府関係のシステム受注に大きな影響力を持っている。こうした企業群に続いて、独立系の中堅システム会社が並ぶという図式だ。

政府のシステム発注は極めて保守的で、新しい技術を取り込むまでの時間も長い。クラウドの利用など、新技術の導入は、民間企業の方が圧倒的に早いだろう。

したがって、この業界の再編についても、政府系システムに強いこれらの大手企業ではなく、独立系の中堅企業あたりがもっとも活発になる可能性が高い。カギとなるのは、アマゾンやマイクロソフトが提供するクラウドサービスを前提にしたシステム構築案件である。この部分に特化した企業はこれからの数年間で大きく伸びる可能性がある。

また従来のシステムをこうしたクラウドに移管するためには、技術的に細かな障害が発生してくる。こうした問題を解決するソフトウェアの開発は、ベンチャー企業が担う可能性が高い。クラウド分野に関係したＩＴ系のベンチャー企業の動向にも注目しておく必要がありそうだ。

一方、クラウドの普及によってハードウェアのメーカーは苦しい立場になる。ＮＥＣや富士通は、システム開発企業であると同時にハードウェアメーカーでもある。すでにハードが占める割合はかなり低下しているが、ＮＴＴデータのようにハードを取り扱わない企業と比べると、不利な展開を強いられるかもしれない。

日本企業はどうなる？【自動車メーカー・部品メーカー】

トヨタやGMといった既存企業が総崩れに？　損保業界は再編必至か

自動車業界は、トヨタが名実ともに世界ナンバーワン企業であることを考えると、日本勢は勝ち組に属していると考えることができる。新しいテクノロジーの普及についても、既存の自動車メーカーは主導権を握れる立場にある。

ただ、ＩＴ化をめぐる市場の動きは重電業界とは大きく異なっている。

重電業界では、ＩＴ企業が製造業の世界に入り込むのではなく、ＧＥやシーメンスといった既存企業が自らＩＴ化やサービス業化を進めてきた。ところが自動車業界の場合には、トヨタやＧＭはどちらかというとＩＴ化に消極的で、グーグルやテスラといった新興メーカーがチャレンジする図式になっている。

確率は低いかもしれないが、ある日、パラダイムが１８０度転換し、オセロがひっくり返るように、トヨタやＧＭといった既存企業が総崩れになるという可能性もまったくゼロではない。

ここ数年という時間軸では、やはり自動運転の実用化がもっとも大きなイベントとなるだろう。

日本勢は自動運転に対して、高速道路での限定運用など、段階を踏んだロードマップを掲げている。だが、米国勢は一気に完全自動運転の実用化を目指すというショートカット型を提唱している。フォード・モーターは２０２１年までに完全自動運転車を投入する計画を明らかにしており、数年後には、配車サービスなどの分野を中心に自動運転車が実用化される可能性が高い。日米両国で動きの違いが出てきているのは、米国ではグーグルなどＩＴ企業の存在感が大きいことが原因と考えられる。

配車サービスは、シェアリング・エコノミーの技術ということになるので、ここで自動運転のＡＩ技術とＩＴインフラが結合することになる。当然、ここにはグーグルといった企業が深く関係してくるはずだ。

そうなってくると、自動運転車を開発する自動車メーカー、グーグルなど自動車メーカー以外で自動運転車を開発する企業、同じくグーグルに代表されるようなＩＴインフラを提供する企業、自動車のネット接続やセキュリティなど電装系に強い自動車部品メーカーといったあたりが、要注目企業ということになる。

２０１６年11月、韓国サムスン電子は米自動車部品大手ハーマン・インターナショナル・インダストリーズを約80億ドル（８６４０億円）で買収すると発表した。かなり思い切った買収だが、これも、米国での自動運転実用化を見越した動きといえるだろう。

ハーマンはカーオーディオのイメージが強いが、通信機能を備えたコネクテッドカーの分野を強化しており、自動運転時代には業界で大きな影響力を持つといわれている。サムスンは、スマホの世界ではナンバーワンであり、グーグルと密接な関係にあるという現実を考えると、サムスンが自動車分野に進出してきた意味は大きい。自動運転をサポートするＩＴインフラ周辺ではサムスンの存在感が大きくなるだろう。ここ数年の市場動向を考えた場合、自動運転への参入タイミングにおいて日米は明暗を分けそうだ。

段階を踏まず、ＩＴ企業と連携することで一気に自動運転を普及させる米国勢と、ゆっくり段階を踏んで自動運転を普及させる日本とではアプローチ方法がまるで異なる。

もし、自動運転が一気に普及してしまった場合、日本勢の遅れは致命的となる。一方で、何らかの大きなトラブルが発生した場合には、段階的な実用化を進めた日本勢の方が有利となるだろう。

日本勢でカギを握っているのは、自動車メーカーではトヨタ、自動車部品ではデンソー、ITではパナソニックといったところである。これに加えて、自動運転が当たり前の社会となれば、自動車メーカーが事故の賠償責任を負う可能性が高い。そうなってくると、個人が加入する従来型の自動車保険は消滅するかもしれない。損保業界は再編が必至だ。

日本電産はIOT時代においても、主役の座をキープ

重電や自動車の業界は、状況によっては勝敗が大きく分かれるという状態だが、日本の得意分野のひとつでもある電子部品の業界は、新しいテクノロジーの普及が基本的に追い風となりそうだ。

自動車や工業製品のIT化が進めば、そこには必ずネットに接続するためのデバイスが必要となる。

キーデバイスの分野では、ソフトバンクがＡＲＭを買収しているので、広い意味ではソフトバンクも電子部品市場拡大の恩恵を受ける。また村田製作所や日本電産など、関連デバイスを手がける大手の部品メーカーにとっては、確実に需要の増加が見込めるだろう。

ＩｏＴの世界ではデバイスやモジュールを小型化する必要があり、半導体と一般電子部品の融合がカギとなる。この時有利になるのは、半導体側ではなく、制約条件が多い一般電子部品側である。この分野は日本勢が非常に強い。

日本電産は、すでに自動ブレーキの受注が好調で、２０１７年度の設備投資額は１０００億円を突破する予定だ。制御部品のＡＩ対応も急ピッチで進んでおり、同社は自動運転やＩｏＴ時代においても、主役の座をキープできる可能性が高い。

ＴＤＫはこのところ半導体関連の買収を強化しており、車載用モジュールの市場拡大に備えている。こうした分野で、韓国メーカーや台湾メーカーが追いつくのは難しく、当分の間は独走できるはずだ。

日本企業はどうなる？【運輸・コンビニ・広告など】

運送業界の「ラスト1《ワン》マイル」は？

運送業界は新しいテクノロジーの普及によって、興味深い展開を見せるだろう。カギを握るのはやはり宅配大手のヤマトの動きである。

ヤマトは、全国ほぼすべての世帯に荷物を届けるインフラを持っており、その顧客基盤は絶対的だ。競合となる企業が出てきても、最終的な個別配送のルートを確保していれば、競合となる企業も何らかの形で提携せざるを得なくなる。

これは「ラスト1マイル」と呼ばれる概念であり、かつて通信の市場開放が行われた際に、ＮＴＴの優位性が崩れなかった理屈と同じである。格安の通信サービスが登場しても、各家庭を網羅した固定電話のインフラを崩すことは容易ではないからだ。インフラの世界では、基本的にラスト1マイルを持つ事業者の優位性は高い。

だが、通信業界においては、固定電話に代わって、モバイルという新しいラスト1マイルが登場したことで、NTTの優位性は絶対ではなくなった。問題は、運送業界でも同じような現象が発生するのかという点である。

運送業界におけるラスト1マイルの破壊は、当然、シェアリング・エコノミーによる運送業務のオープン化によってもたらされる。

ヤマトは、こうした動きに対して、ラスト1マイルの部分を他社に委ねることはないと明言している。これは企業の経営戦略としては正しい選択であり、ヤマトは付加価値の源泉であるラスト1マイルを守る必要がある。

だが、こうした経営戦略的に正しい決断というのは、ときに企業の衰退を一気に招くリスクにもなる。経営学の世界では「イノベーションのジレンマ」と呼んでいるが、経営戦略的に正しいが故に多くの企業がこの罠《わな》にはまってしまう。もし、運送業務のオープン化が進んだ場合には、この部分に特化したヤマトは一気に不利になってしまうだろう。

逆に運送業務の一般開放が段階的、限定的にとどまればヤマトの優位性はさらに強固になる。いずれにせよ業界秩序が大きく変わろうとしていることは間違いない。

楽天がセブン-イレブンを買収してもおかしくない

これまで日本社会に完璧なまでに最適化してきたコンビニ業界にも、変化の到来が予想される。カギを握っているのはアマゾンである。

アマゾンは2017年から、米国においてAIをフル活用したレジのない完全自動コンビニをスタートさせる。ネット通販で得られた膨大な購買履歴とリアル店舗での購買履歴を組み合わせると、従来では考えられなかった顧客情報が得られる可能性がある。日本でも同様のサービスがスタートした場合、コンビニ業界への影響は必至だろう。

アマゾン・コンビニの最大の特徴は会計がすべて自動化されている点である。

これはレジが自動化されているという意味ではない。そもそもレジというものが存在しておらず、顧客は専用アプリをスマホにインストールし、商品を手に取って店を出れば自動的にアマゾンのアカウントで課金される。店舗には無数のセンサーとカメラが設置されており、AIを使って顧客の行動を認識している。レジがなくても商品を手に取ったことを理解するのだ。元の棚に商品を戻せば、買い物カゴから削除され課金されないという。

このように完全にＡＩ化されたコンビニの品揃えは、従来のコンビニとはまるで違ったものとなる可能性が高い。その理由は、顧客が何を欲しているのか店舗側が完璧に理解できるからである。

アマゾンはネット通販における購買履歴をもとに、利用者が何を欲しているのか常に分析・把握している。ネットのアクセス情報や時間、購買行動などから、オフィスで買い物しているのか、自宅で買い物しているのかも分かる。コンビニ事業がスタートすれば、リアル店舗での購買履歴がこのデータに加わることになる。

これまでの小売店は、顧客がどのような人物なのか１００％把握することは不可能であった。だが、店舗側が誰が来店しているのか、そしてその客の趣味《しゅみ》嗜好《しこう》を知っていれば、商品の構成や売り方はまるで違ったものとなる。モラルの問題もあるが、カメラ映像から着ている服やアクセサリーを判別することも難しいことではない。

これらのデータをフル活用すれば、客単価を大幅に引き上げることが可能となり、小売店という業態の収益構造は大きく変わる。場合によっては、楽天のようなネット企業がコンビニ１社を丸ごと買収し、ＡＩ化するという選択肢も十分にあり得るだろう。

広告代理店は業態そのものが変化する

これまで何度か指摘してきたように、ＡＩとネット広告の親和性は極めて高い。ネット広告市場がさらに拡大し、ＡＩの実用度がより高くなってきた場合、広告業界には大きな変化が訪れるだろう。

採用を中心とした人材関連企業も、広い意味ではネット上の広告サービスと捉えることができるので、この業界でも同じような変化が起こる可能性がある。

２０１５年における日本の広告市場は約６兆円だったが、このうちネット広告は、約９０００億円となっている。テレビ広告はまだ１兆５０００億円の規模があるが、新聞広告は３６００億円、雑誌は約１０００億円と、すでにネット広告の方が市場規模は大きい。いずれネットが広告の中心となる日は近く、同じタイミングで広告のＡＩ化も実現しているはずだ。

これまではテレビの広告規模が大きいので、大手の広告主は、テレビ広告などと一緒に広告代理店に対してネット広告業務を依頼していた。

だがネット広告のシェアが高くなれば、広告主の動きは変わってくる。テレビ広告のついでという位置付けではなく、ネット広告を別の代理店に依頼するケースが増えてくるはずだ。シェアを伸ばす広告代理店は、ＡＩを使ったインタフェースを備えており、最終的にはネット広告の全体プランニングまで請け負うようになるだろう。

逆に言うと、ここまでの機能を持ったネット広告配信基盤を提供できた企業が、ネット広告ビジネスにおける次世代の主役ということになる。おそらく、新しい技術をベンチャー企業が開発し、これを大手のネット広告企業が買収するという形で技術の実装が進む可能性が高い。

電通や博報堂といった既存の広告代理店は、ネット広告の分野ではかなり不利なゲームを強いられるだろう。もしかすると、ネット専業の代理店であるサイバーエージェントですら同じ状況に陥るリスクがある。

その他、人材サービスでは圧倒的な影響力を持っていたリクルートやインテリジェンスといった企業もうかうかしていられない。ＡＩ型ビジネスへの転換が必要なはずだ。

日本企業はどうなる？【外食・教育】

すき家はトップシェアを守れるか

外食産業は思いのほかＡＩ化の影響を受けにくい。

ファストフード店員の仕事は多岐にわたっており、常に臨機応変の対応が求められる。このため、彼らの仕事をロボットに置き換えることはそれほど容易ではないのだ。仮にロボット化が進むにしても少し時間がかかるだろう。

一方で、外食産業はシェアリング・エコノミーからは極めて大きな影響を受ける可能性がある。カギとなるのは、第３章でも紹介した新しい配達サービスである。

ウーバーが提供している「UberEATS」や楽天が提供している「楽びん！」は、提携する飲食店の料理を、配達員が家やオフィスまで届けてくれるというものである。

要するに出前のアウトソーシングなのだが、このビジネスが拡大すると、飲食店そのも

の の概念が大きく変わる可能性が出てくる。

飲食店はこれまで高いコストを払って、人通りの多い場所に店を構える必要があった。通行人の目に触れなければ、そもそも店に人が来ないからである。ところが、ネットの出前を多くの人が利用するようになり、店舗の売上高の一定割合が出前経由ということになると話が変わってくる。

従来の常識では悪い立地条件とされた場所でも十分に採算が合う店舗が出てくることに加え、場合によっては、キッチン機能しかない店舗も運営が可能となるだろう。これは出店戦略がすべてを決めるといっても過言ではなかった外食産業にとって、大きなパラダイムシフトを意味している。

たとえば牛丼チェーン3社の2015年度末における店舗数は、すき家が2617店、吉野家が1188店、松屋が1051店となっており、すき家のシェアが圧倒的に高い。だが、10年ほど前までは、すき家の店舗数は少なく吉野家が断トツのトップであった。すき家は積極的な出店戦略を採用し、10年で一気にシェアを拡大したのである。

今のところ各社の出店ペースは抑制的になっており、大きな変化がなければ、現在のシェアが維持される可能性が高い。だがここで、牛丼チェーンの1社がネット出前に積極的に対応し、キッチン機能を重視した低コスト店舗の運営に乗り出した場合、競争環境は劇的に変化する。

すき家がさらにシェアを伸ばし圧倒的な立場になる可能性もあるし、逆に既存店舗が少ない松屋が積極攻勢に出ることも考えられる。従来の出店戦略だけを見ていては、今後の推移を見誤るかもしれない。

居酒屋チェーンにも影響が及ぶ

一方、ワタミや鳥貴族といった居酒屋チェーンは、どちらかというと場所を提供するビジネスなので、ネット出前サービスによる影響は少ないと考えられる。だが、居酒屋チェーンも、AI化、シェアリング・エコノミー化の流れとは無縁ではいられない。

先ほど取り上げた牛丼チェーンが、最近、安価にアルコールを楽しめるメニューを充実させていることは多くの人が気付いているはずだ（吉野家の「吉呑《の》み」など）。

こうしたサービスが登場する背景となっているのは個人消費の弱体化である。

日本では5年連続で実質賃金がマイナスとなっており消費者の懐は寂しい。本来、牛丼チェーンと居酒屋は競合する業態ではなかったが、消費が著しく弱くなっていることから、両業態で顧客の奪い合いが始まっている。

本書では、新しいテクノロジーの普及によって一時的に消費が停滞し、その後は、新しい消費サイクルが確立する可能性について言及してきた。そもそも消費が弱いところに、新しいテクノロジーの普及が加わると、一時的ではあるが、顧客の奪い合いはさらに激しくなる可能性が高い。結果的に居酒屋チェーンなど、直接シェアリング・エコノミーとは関係しない業態にも影響が及ぶだろう。

だが消費構造の変化はピンチでもあるがチャンスでもある。

居酒屋チェーンの世界には知名度による顧客サイクルというものが存在しており、店舗数がある一定水準を超えると急激に成長が難しくなるといわれている。

ワタミはもともと居酒屋チェーン「つぼ八」のフランチャイズとして事業をスタートさせた。つぼ八は、かつては破竹の勢いで全国展開し、ピーク時には600近い店舗を構えていたが、現在ではワタミに完全に追い抜かれ、280店舗と規模の小さい展開を余儀なくされている。一方、ワタミも600店舗が見えてきたあたりからオペレーションがうまくいかなくなり、現在は運営体制の見直しを行っている。

社会のＡＩ化、シェアリング化で消費の構造が大きく変わるとすると、こうした従来の店舗展開理論が通用しなくなる可能性がある。

ちなみに、鳥貴族は、今期末には店舗数がほぼ600に達するので、従来の店舗理論からするとそろそろピークアウトする時期である。だが、鳥貴族が新しい消費形態に合致した斬新なメニューを提供できれば、この法則を覆すことも不可能ではないかもしれない。

ベネッセは自己矛盾の山を乗り越えられるか

地味な業界だが、意外と大きな影響を受けそうなのが教育分野である。教育は、ＡＩやシェアリング・エコノミーとの親和性が高く、教育産業は新しい技術に迅速に対応する必要に迫られている。

読者の皆さんは、紙に書いた数式をスマホのカメラで撮影すると、答えはもちろん解き方までたちどころに示してくれるアプリがあることをご存知だろうか。実際、試してみると、数式にスマホのカメラを向けてから1秒とかからずに答えが表示される。

今のところ数式限定だが、自然言語解析技術を使って一般的な問題の解答を導き出せるようになるのも時間の問題だろう。

教育はある程度、パターン化されたコンテンツが多いので、ＡＩとの親和性が高い。また、ＩＴを使えば多くの人をネットワーク上で結びつけることができるので、教育サービスには最適のツールとなる。

これまでベネッセのような教育産業は、強固な販売ネットワークを他社との差別化要因にしてきた。ひとたび確立した教材販売網やサービスのネットワークを、新規参入の事業者が覆すことは難しく、これが巨大な参入障壁として機能していたわけである。

だがＡＩを使った安価な教育アプリや、スマホをベースにした個別学習サービスは、こうした障壁を容易に乗り越えてしまう可能性がある。教育産業の老舗が長年かけて構築したネットワークを一夜にして葬り去ることが不可能ではなくなっている。

運送業界のところでも言及した「イノベーションのジレンマ」は教育産業の分野にもあてはまりそうだ。

ベネッセや学研といった会社が自社の強みを生かそうと思った場合、従来の販売網や人的ネットワークを強化するのが正しい戦略となる。だが、ＡＩやシェアリング・エコノミーという破壊的なテクノロジーが登場すると、従来の強みが逆に弱みに変化してしまうことがある。

既存のネットワークを捨て去り、新しいビジネス・インフラを再構築すれば多大な犠牲を伴う。一方、既存のネットワークに依存すれば、当面は安泰だが、いつの日か新規参入の会社にあっという間にシェアを奪われてしまう可能性がある。戦略的に正しい選択をすることがリスク要因になってしまうというこの図式は、企業にとって最大の自己矛盾である。

ベネッセや学研のような老舗企業にとって、自ら構築したビジネスモデルを自らの手で破壊できるのかが、将来の分かれ目となるだろう。

おわりに

これまでの産業は、どの業界であっても物理的な制約条件というものがあり、生産性を一定以上に上げることは不可能であった。同じ広さの農地から採れる作物の量や、同じ規模の工場で生産できる自動車の台数には上限があるのだ。

だが物理的な限界が存在することは、そこで働くビジネスマンにとっては、ある意味で朗報だった。いくら個人に能力差があっても、物理的な制約条件から、その能力差が無制限に拡大することはなかったからである。

ところが、ＩＴの世界にはこうした上限がない。

厳密に言えば上限は存在するのだが、従来の産業と比較すると、それは限りなくゼロに近くなり、理論上は、無限大に近い水準まで生産性を向上できる。これを経済学の世界では「収穫逓増《ていぞう》の法則」と呼ぶ。

こうした世界では、ビジネスマンの能力差も、これまでにないレベルに拡大してしまう。ＡＩやシェアリング・エコノミーには、こうした動きを一気に加速させる働きがある。

一方でこれらのテクノロジーをうまくマネジメントすれば、人間は嫌な作業から解放され、短時間の労働で経済を維持できる可能性も見えてくる。

本書では、新しいテクノロジーが各業界に与える影響について分析してきたが、もっとも大きな変化が訪れるのは人々のマインドだろう。

新しいテクノロジーは人から労働を奪う存在でもあるが、ムダな労働から解放してくれる救世主でもある。多くの面倒な仕事が機械で代替できるようになった時、人はどのような意識で働くことになるのだろうか。もしかすると、人としての楽しみをさらに追求するようになり、好きなことを仕事にするのが当たり前の社会となっているかもしれない。

こうした労働に対する価値観の変化に対して、もっとも早く適合できた企業こそが、新しいテクノロジー社会における真の勝者となるだろう。

本書は宝島社の宮下雅子さんの尽力で完成させることができた。いつもながら手際のよい仕事ぶりでスムーズに執筆ができた。この場を借りて、感謝の意を表したい。

2017年1月　加谷珪一

加谷珪一（かや・けいいち）

経済評論家。仙台市生まれ。

東北大学工学部原子核工学科卒業後、日経BP社に記者として入社。その後、野村證券グループの投資ファンド運用会社に転じ、企業評価や投資業務を担当。独立後は、中央省庁や政府系金融機関などに対するコンサルティング業務に従事。現在は、金融、経済、ビジネス、ITなど多方面の分野で執筆活動を行っている。『現代ビジネス』、『ニューズウィーク（Web版）』など多くの媒体で連載を持つ。億単位の資産を運用する個人投資家でもある。

著書に『ポスト・アベノミクス時代の新しいお金の増やし方』（ビジネス社）、『億万長者100の言葉』（宝島社）、『新富裕層の研究――日本経済を変える新たな仕組み』（祥伝社新書）、『戦略的に出世する技術』（かんき出版）、『お金持ちはなぜ、「教養」を必死に学ぶのか？』（朝日新聞出版）、『株で勝ち続ける人の常識 負ける人の常識』（KADOKAWA）など多数。

加谷珪一オフィシャルサイト
http://k-kaya.com

AI時代に生き残る企業、淘汰される企業
シェアリング・エコノミー、フィンテック、IoTが作る未来

2017年3月1日　第1刷発行

著　者　加谷珪一
発行人　蓮見清一
発行所　株式会社宝島社
〒102-8388
東京都千代田区一番町25番地
電話（営業）03-3234-4621
（編集）03-3239-0927
http://tkj.jp

印刷・製本　サンケイ総合印刷株式会社

Printed in Japan
ISBN 978-4-8002-6587-6